Günter Schnell

Fische im Gartenteich

Bau, Bepflanzung, Fischbesatz und Pflege

Franckh-Kosmos

Umschlaggestaltung von Ulrich Kolb unter Verwendung zweier Farbaufnahmen von D. Nill (Vorderseite) und B. Kahl (Rückseite).

Mit 21 Farbaufnahmen von H. Reinhard (1; S. 17) und B. Kahl (20) sowie 33 Schwarzweißzeichnungen von A. Bauer (6; S. 7, S. 9, S. 15, S. 23, S. 25, S. 27), W. Engelhardt (6; S. 8, S. 21, S. 26, S. 64), B. Kahl (1; S. 36/37) und dem Archiv.
14 Vignetten von M. Golte-Bechtle.

Alle Angaben in diesem Buch sind sorgfältig geprüft und geben den neuesten Wissensstand bei der Veröffentlichung wieder. Da sich das Wissen aber laufend weiterentwickelt und vergrößert, muß jeder Anwender prüfen, ob die Angaben nicht durch neuere Erkenntnisse überholt sind. Dazu muß er zum Beispiel bei Behandlungsvorschlägen den Tierarzt konsultieren, Beipackzettel zu Medikamenten lesen, Gebrauchsanweisungen und Gesetze beachten.

Die Deutsche Bibliothek –
CIP-Einheitsaufnahme

Schnell, Günter:
Fische im Gartenteich : Bau, Bepflanzung, Fischbesatz und Pflege / Günter Schnell. – 7. Aufl. – Stuttgart : Franckh-Kosmos, 1991
ISBN 3-440-06318-6

7. Auflage
Franckh-Kosmos Verlags-GmbH & Co., Stuttgart/1991

Printed in Germany / Imprimé en Allemagne
ISBN 3-440-06318-6
Satz: Fotosatz Stephan, Stuttgart
Herstellung: Huber KG, Dießen

Fische im Gartenteich

Vorwort

Dieses Buch ist meinen Freunden, den Fischen gewidmet.
Möge es dazu beitragen, daß sie in den vielen Gartenteichen, den schon bestehenden und den noch entstehenden, gute Lebensbedingungen antreffen und sich wohl fühlen können. Dem »Bauherren« soll das Buch ein Ratgeber sein, der ihm helfen kann, Fehler zu vermeiden, die andere vor ihm schon begangen und bereut haben, und der ihm Anregungen geben soll bei Fragen, die er vielleicht noch nicht bedacht hat. In diesem Buch werden persönliche Erfahrungen geschildert und Kenntnisse vermittelt, die am freien Gewässer und am eigenen Gartenteich gesammelt und ausgewertet wurden. Dem Liebhaber soll geholfen werden, seine Schützlinge besser kennen- und verstehenzulernen und ungetrübte Freude an seinem eigenen Teich im Garten zu haben.

Günter Schnell

Die Planung eines Fischteiches

Ein Fischteich muß stabil und dauerhaft dicht sein und den Fischen einen optimalen Lebensraum bieten. Da er später kaum mehr zu verändern ist, muß seine Anlage sehr sorgfältig geplant werden. Die Lage des Teiches hängt natürlich im wesentlichen von Größe und Form des Gartens ab. Die Wasserfläche wird aber später so beherrschend sein und so viel Leben mit sich bringen, daß ihr unbedingter Vorrang — auch vor bereits bestehenden Anpflanzungen — gegeben werden muß! Damit der künstlich angelegte Teich möglichst natürlich wirkt, sollte man ihn nach Möglichkeit an eine tiefer gelegene Stelle im Garten legen, an der im freien Gelände das Wasser auch zusammenfließen würde. Schön ist es natürlich, wenn man einen Platz findet, der vom Balkon oder der Terrasse aus gut eingesehen werden kann — am besten ein wenig von oben herab, so daß man die sich spiegelnden Wolken, das Kräuseln der Wasseroberfläche durch den Wind und einfallende Regentropfen — all das, was den Reiz eines Tei-

Schnitt durch unseren Gartenteich!
Auf der Schräge kann jedes Tier, vom Spatz bis zum Storch, in passender Tiefe baden. Keines wird je in unserem Teich ertrinken!

ches ausmacht — beobachten kann. Dazu sollte der Teich möglichst viel Licht und Sonne bekommen; Schatten können wir ihm später durch geschickte Anpflanzung immer noch genügend verschaffen.
Bei der Form des Teiches kann man seiner Phantasie freien Lauf lassen. Rundungen und Vielecke sind unwesentlich schwieriger zu bauen als Rechtecke, die leicht unnatürlich und wie ein Trog wirken. Der Teich sollte mindestens 12 m² groß sein und — zumindest an einer Stelle — eine Tiefe von 1,50 Meter haben, damit die Fische auch vor starkem Frost sicher sind und ihnen immer ein natürlicher Fluchtweg nach unten offen bleibt. Diese Tiefe und eine möglichst große Wassermenge bedingen leider meist senkrechte Wandungen. An der »Sichtseite« sollte man aber unbedingt eine sanfte Schräge vorsehen — etwa 0—40 cm Wassertiefe. Dadurch entsteht eine Abbruchkante zur vollen Tiefe, wie man es auch häufig in freien Gewässern finden kann. Die Fische lieben es, hier entlang zu schwimmen, so daß uns die Schräge viel Freude bringen wird. Bei Sonnenschein stehen die Fische hier gut sichtbar im Flachwasser und auch die scheuen lassen sich mit etwas Geduld und Futter anlocken. Die Schräge hat aber noch viel wichtigere Funktionen: Hier entlädt sich — unmerklich, aber höchst wirksam — der Eisdruck im Winter. Hier legen wir die flachen Laichbuchten an, spielt sich das Lieben und Werben der Goldfische ab, und hier ist später die Kinderstube unserer Jungfische. Aber auch Sumpfpflanzen wachsen hier,

Planung

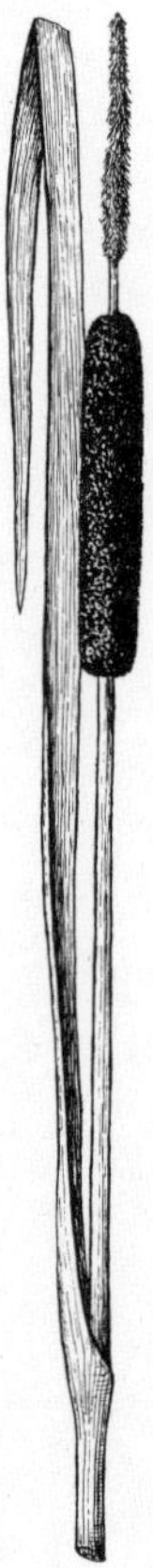

wohnen Frösche und schlüpfen Libellen. Am besten lassen wir die Schräge stufenlos in den Rasen übergehen, so daß ein kleiner »Strand« entsteht. So wird auch kein Tier in unserem Teich ertrinken müssen! Anders ist dies bei den Kunstteichen mit ihren schrecklich steilen Rändern und meist noch überstehenden Deckplatten, aus denen sich hineingefallene Tiere kaum retten können. Im flachen Wasser finden auch unsere Gartenvögel einen schönen Trink- und Badeplatz. Den Erdaushub verteilen wir am besten hinter dem Teich, so daß eine reizvolle Geländestufe entsteht. Der Teich erhält auf diese Weise unterschiedlich hohe Ränder, es bildet sich eine natürliche Sitzstufe. Die senkrechte Abschlußfläche und den Rand können wir nun mit überstehenden Platten belegen. Für Wasserschildkröten, die von ihrem Sonnenplatz an Land gerne einen schnellen Fluchtweg ins tiefe Wasser haben, können wir an einer abgelegeneren Stelle eine unter der Randplatte durchführende Rutsche bauen, die von den Tieren sehr schnell und gerne angenommen wird.

Mit zur Planung gehören auch die verschiedenen Pflanzbecken: In der Tiefe für Seerosen, an den Seiten — etwa 60 cm tief — für Rohrkolben und Binsen und auf der Schräge für Sumpfpflanzen. Diese Pflanzbecken werden allerdings erst nach einer Probefüllung in den fertig abgedichteten Beckenkörper eingefügt. Dagegen müssen wir von vorneherein Rohrdurchbrüche einplanen, die in die Beckenwand eingebaut werden müssen. Sinnvoll ist es, an der Außenseite des Beckenrandes einen Arbeitsschacht vorzusehen, in dem die verschiedenen Leitungen und Anschlüsse leicht zugänglich angebracht sind. Für die Wasserleitung verwenden wir am besten Kunststoffrohre, die nicht rosten und sich auch nicht galvanisch abbauen, was bei Metallrohren doch hin und wieder zu unangenehmen Schäden führen kann.

Ein Ablauf ist nicht unbedingt notwendig, da man einen belebten Teich sowieso nicht einfach leerlaufen lassen kann. Auch wäre er sicher bald von Moder verstopft, und eine Sickergrube unter dem Becken würde die ganze Statik gefährden. Dafür brauchen wir aber einen Überlauf, der sich oft als sehr nützlich erweisen wird. Wer sich mit der Planung viel Mühe macht, zeichnet, rechnet und Rat einholt, der spart beim Bau des Teiches sehr viel: Zeit, Geld und unnütze Fehler.

Der Bau des Fischteiches

Wer Kosten nicht zu scheuen braucht und die gesamte Ausführung einem Fachmann überläßt, erspart sich viel Arbeit – aber auch den Spaß des Selbermachens. Dafür bekommt er aber auch die Garantie auf eine fachgerechte Anlage. Allerdings kann man vom Fachmann nicht erwarten, daß er sich mit den Bedürfnissen der Fische befaßt hat, so daß der Bauherr sorgfältig darauf achten muß, daß sein Becken auch »fischgerecht« wird.
Ich möchte nicht auf die verschiedenen Werkstoffe und Methoden eingehen, mit und nach denen man ein Becken bauen kann, sondern dem Selbstbauer einige Tips geben, durch die sich später böse Überraschungen vermeiden lassen.
Der erste Grundsatz sollte lauten: Je solider, um so besser! Die Seitenwände und der Boden sollten fundamentiert sein. Das gefüllte Becken wiegt später mehr als eine Tonne pro Kubikmeter Wasser! Stabile Böden, vor allem auf der Schräge, werden später nicht gleich von jeder Harke durchstoßen und trotzen der unglaublichen »Bohrkraft« der Pflanzenwurzeln. Die Seitenwände müssen trittfest angelegt sein, da sie später mit Sicherheit begangen werden.
Unterschätzen Sie nicht den Aushub! Ein kleiner Bagger ist billiger als ein Herzinfarkt.
Zuallererst legen wir die gewünschte Höhe des Wasserspiegels fest und übertragen sie mit einer langen Schlauchwaage auf einen festen Punkt, eine Mauer oder einen Baum, und zwar plus einen Meter. Das erspart uns später, den ganzen Garten neu nivellieren zu müssen, denn

Je solider, desto besser! Bodenplatten in Stahlbeton und Wände in armiertem Mauerwerk garantieren Haltbarkeit und Rißfreiheit.

nach dem Aushub sieht alles ganz anders aus. Mit Schlauchwaage und Metermaß wird der ganze Bau ständig überwacht – nur dann haben wir die Gewähr, daß die Ränder mit dem Wasserspiegel übereinstimmen. In den steilen Wänden sollte unbedingt eine Armierung eingebaut und auf Wasserspiegelhöhe eine leichte Schräge gegen den Eisdruck vorgesehen werden.

Grundriß des Gartenteichbeckens des Verfassers. Vielecke und Rundungen sind auch nicht schwieriger zu bauen als Rechtecke.

Der Beckenboden und die große Beckenschrägplatte müssen bei festen Baustoffen auf gewachsenem Grund liegen, der nicht mehr in sich zusammensacken kann. Falls notwendig, mit einer frostsicheren Füllung aus Kies aufschütten und fest verdichten. Das Mauerwerk sollte unbedingt beidseitig wasserdicht werden. Alle Winkel mit »Flaschenkehlen« runden und vor allem die Rohrnippel gut abgedichtet einbauen, mit Schraubkappen verschließen und gegen Verdrehung in der Wand sichern. Fundamentieren Sie auch den Abschluß der Schräge – die Strandkante –, damit eventuell

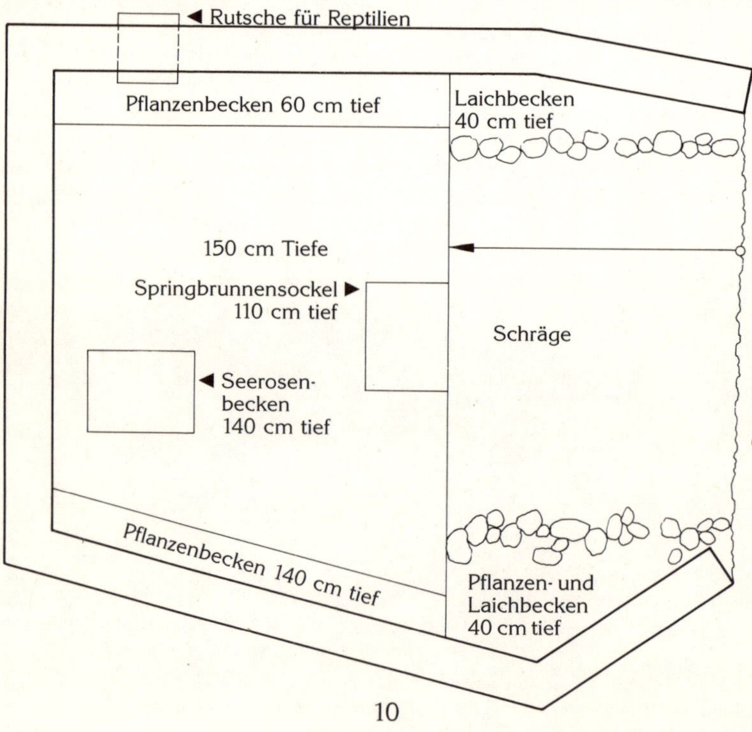

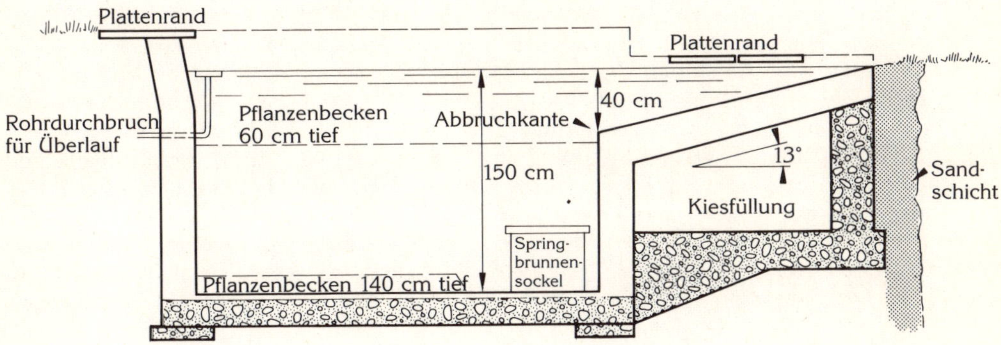

Schnittzeichnung durch den Gartenteich. Wände und Böden wurden verputzt und mit Dichtschlämme dauerhaft abgedichtet.

überlaufendes Wasser nicht unter die Schrägplatte kommt. Auf Mauern sollte man Platten nur mit wasserdichtem Zement verlegen, sie frieren dann nicht los. Wenn das Becken fertig ist und auch schon probegefüllt wurde, kann man an die Einbauten gehen. Machen Sie jedoch niemals scharfe Kanten, die Fische sind das nicht gewohnt und verletzen sich dann sehr leicht! Mit der Anlage der Pflanzbecken lassen sich sehr leicht Schlupfwinkel kombinieren. Die Wasserpflanzen brauchen gute Begrenzungen für ihre Wurzeln, damit diese nicht ausufern, und Verankerungsmöglichkeiten, damit wir später nicht gleich den ganzen Wurzelstock hochziehen, wenn wir alte oder überzählige Blätter entfernen wollen.

Im Flachwasser legen wir unsere Laichbecken an, die wir mit größeren Natursteinen begrenzen. Diese großen Kiesel sind jedoch selten und teuer geworden. Man findet sie noch billig dort, wo in Kiesgruben noch mit Schleppbaggern gearbeitet wird – die modernen Saugbagger ziehen große Kiesel nicht hoch. Lassen Sie zwischen den Steinen entsprechende Schlupflöcher für die verschiedenen Fische frei, aber vermeiden Sie gerade hier scharfe Kanten. Eine veränderliche Gestaltung mit großen, losen Tritt- oder Ruhesteinen für Amphibien kann als Abschluß das Gesamtbild abrunden.

Der Überlauf

Zur Regulierung des Wasserstandes würde zwar schon ein einfaches Rohr genügen, das wir ja als Mauerdurchbruch

bereits vorgesehen haben, aber wenn wir auf dem Steigrohr einen flachen Überlaufkasten befestigen (Bild S. 12), dessen Oberkante genau mit der Wasseroberfläche abschließt, können wir mit dem Überlauf weit mehr erreichen. Den Einlauf schützen wir mit einem Sieb vor Verstopfung durch einfallendes Laub oder anderen Verschmutzungsteilchen. Erreicht der Wasserspiegel den Rand des Überlaufkastens, so läuft das Wasser breitflächig über und zieht durch die Oberflächenspannung des Wassers alle schwimmenden Verschmutzungspartikel mit sich. Diese sammeln sich vor dem Sieb und können dann leicht entfernt werden. Mit diesem erweiterten Überlauf können wir aber auch das gesamte Beckenwasser austauschen, ohne das Becken erst vollständig entleeren zu müssen: Hierzu genügt es, ständig deutlich kälteres Wasser ruhig einlaufen

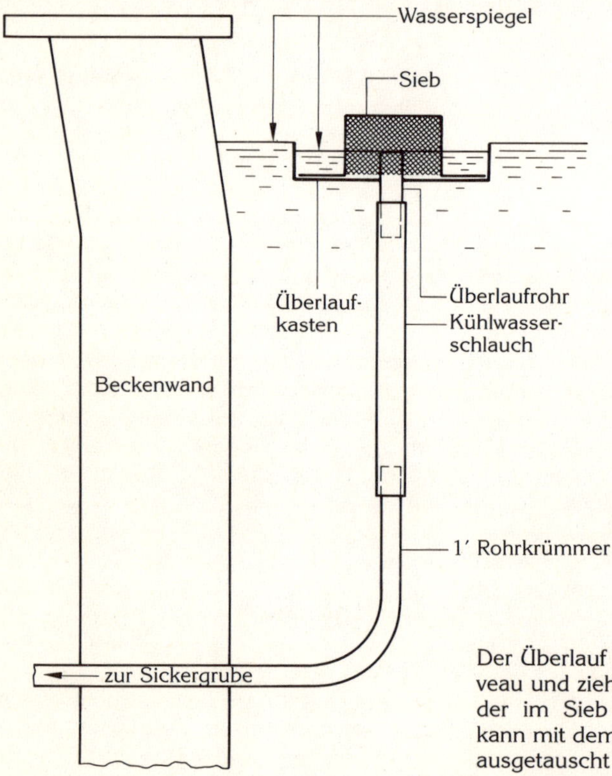

Der Überlauf hält den Wasserspiegel auf Niveau und zieht den Oberflächenschmutz ab, der im Sieb abgefangen wird. Außerdem kann mit dem Überlauf das gesamte Wasser ausgetauscht werden.

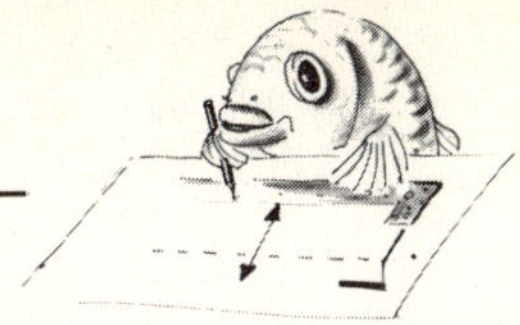

zu lassen – das Beckenwasser darf auf keinen Fall durcheinandergewirbelt werden. Das kältere Wasser sinkt auf den Beckenboden und drückt das wärmere Altwasser hoch, so daß dieses überläuft. Es ist erstaunlich, wie gut diese einfache Methode funktioniert!
Der Überlaufkasten ist nicht frostempfindlich, da ja immer Wasser in ihm steht, und er sollte aus einheitlichem Material gebaut sein, damit keine Korrosionsschäden auftreten können.

Die Sickergrube

Wohin aber nun mit all dem überlaufenden Wasser? Bei den heutigen Wasserpreisen ist es schade um jeden Kubikmeter Wasser, der in den Kanal fließt und der doch noch dem Garten dienlich sein könnte. Hier hilft eine Sickergrube sparen: Wir versenken ein durchlöchertes, mit Kies gefülltes Plastikfaß an einer uns geschickten Stelle im Garten (am besten in der Nähe tiefwurzelnder Bäume oder Sträucher) und verbinden dieses Faß durch einen Plastikschlauch mit dem Überlauf (Bild S. 12). Der Verbindungsschlauch muß mindestens 50 cm tief liegen, damit er zum einen frostgeschützt ist, zum andern kühl genug liegt, um sich nicht platt zu drücken und den Durchfluß zu hindern. Da das Sieb über dem Überlauf die großen Schmutzteilchen abfängt, kann sich die Sickergrube auch nicht zusetzen. Auch wenn die »Grube« zu Anfang noch nicht soviel »Schluckvermögen« hat, wie der Zulauf erfordert, keine Angst, mit der Zeit bilden sich kleine Adern aus, die das Wasser gezielt verteilen, und in ein paar Wochen schafft unsere Sickergrube den Zulauf.

Der Brunnen

Ich habe mir jahrelang Gedanken gemacht, wie man eine große Wassermenge auch einmal durchfiltern kann, ohne übermäßigen Aufwand zu betreiben. Die Lösung war dann das »Sickerfaß« in Verbindung mit einem Brunnen. Einen besseren Filter als das Erdreich kann es gar nicht geben.
Vor dem Bau des Brunnens empfiehlt es sich jedoch, bei der zuständigen Baubehörde die jeweils geltenden Vorschriften zu erfragen. Den Bau selbst läßt man am besten von einem Fachbetrieb ausführen. Man kann natürlich aber auch selbst ein Schlagrohr setzen, das die für einen Gartenschlauch ausreichende Menge bringt. Da die Wasserpreise ständig steigen, ist ein eigener Brunnen eine rentable Sache, weniger für unseren Gartenteich selbst, als für die Bewässerung des Gartens: Eine 500 Watt Elektropumpe fördert etwa zwei Kubikmeter Wasser pro Stunde – das sind 4 Kubikmeter Wasser pro Kilowatt Strom. Wenn Sie jetzt Ihren Strompreis für 1 kW mit dem Wassergeld für 4 cbm (+ Abwassergebühr) vergleichen, ist der Brunnen vorteilhafter.

Sekunden für 10 Ltr. Wasser	Liter Durchfluß pro Minute	Liter Durchfluß pro Stunde
18	53,3	2000
20	30	1800
22,5	26,6	1600
25,7	23,3	1400
30	20	1200
36	16,6	1000
45	13,3	800
60	10	600
90	6,6	400
180	3,3	200

Man darf jedoch nicht vergessen, daß Rohrleitungen, Schläuche und Reduzierungen eine starke Minderung der Soll-Leistung einer Pumpe bedingen. Wenn wir genau wissen wollen, wieviel Wasser unsere Pumpe schafft, lassen wir einen 10 Liter Eimer vollaufen und stoppen die dazu notwendige Zeit. Die obenstehende Tabelle zeigt, wieviel Wasser in der Stunde oder Minute durchläuft.
Aber auch für unsere Fische ist ein Brunnen von Vorteil: Das geförderte Grundwasser ist zumindest ungechlort, und die hygienischen Ansprüche, die Fische und Pflanzen stellen, sind nicht so hoch, als daß das Grundwasser nicht geeignet wäre.

Der Springbrunnen

Fließendes oder auch nur bewegtes Wasser bringt ein weiteres Stück »Natur« in unseren Garten. Hinzu kommt im Sommer noch ein psychologischer Effekt: An heißen Tagen vermittelt das Plätschern des Wassers ein Gefühl der Kühle — auch wenn wir uns das nur einbilden!
Viel wichtiger aber ist der Springbrunnen für das Wasser in unserem Teich. Durch das Umwälzsystem werden die Wasserschichten in Bewegung gebracht, und bei der feinen Zerteilung des Sprühwassers reichert sich dieses mit Sauerstoff an und wird zusätzlich noch durch die Verdunstung einer Teilmenge gekühlt. Steigt allerdings bei zu starker Sonneneinstrahlung die Wassertemperatur extrem an, dann hilft auch der Springbrunnen nichts mehr, und wir müssen kaltes Wasser zuführen. Im allgemeinen aber bringt der Springbrunnen allein den Fischteich klaglos über die warmen Sommertage. Auf Seite 19 ist die Anlage eines solchen Springbrunnens einmal grob skizziert. Noch ein paar Worte zur technischen Ausführung: Liegt die Pumpe tiefer als der Wasser-

Der Springbrunnen belüftet das Wasser und vermittelt auch an heißen Tagen mit seinem Plätschern ein Gefühl der Kühle.

spiegel, dann braucht sie nicht selbst anzusaugen, und es bedarf nur einer Leistung von 25—50 Watt, um die Wasserfontäne ca. 50 cm hoch zu treiben. Wenn wir die Umwälzpumpe in unserem Arbeitsschacht unterbringen, ist sie leichter zu erreichen als unter Wasser. Mit den Schlauchanschlüssen und den beidseitig verschraubbaren Rohrnippeln als Mauerdurchbruch kann man jede, auch spätere, Montage ganz ohne Wasserverlust und Schwierigkeiten durchführen. Auch der — unbedingt notwendige — Ansaugfilterkopf läßt sich auf diese Weise ohne Demontage herausheben und in einstellbare Tiefe wieder versenken. Der Filterkopf ist unbedingt notwendig, damit die neugierigen Fische nicht an dem ungeschützten Schlauchende festhängen können. Ist der Filterkopf die einzige unter Wasser liegende Öffnung des Springbrunnensystems, so füllt sich dieses nach Versenken des Filters von selbst. Man kann dies durch die klarsichtigen Plastikschläuche gut beobachten. Wenn wir jetzt den Strom

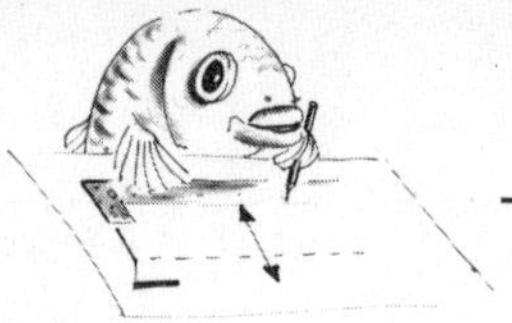

einschalten, läuft der Springbrunnen sofort. Der Stromverbrauch ist gering: Eine 25-Watt-Pumpe kann ca. 40 Stunden laufen, ehe sie 1 kW verbraucht hat.

Der Luftsprudler

Wassertemperatur (in °C)	Sauerstoff (in Gewichtsprozent)
0	0,00695
5	0,00607
10	0,00537
15	0,00480
20	0,00434
25	0,00393
30	0,00389

Dem Aquarianer ist die Methode bekannt, mit Hilfe eines Sprudelsteines dem Aquarienwasser zusätzlichen Sauerstoff zuzuführen. Auch im Gartenteich funktioniert diese Methode, sie wird nur durch die ständig schwankenden Wassertemperaturen etwas beeinträchtigt: Wasser nimmt nämlich Sauerstoff nur in einer ganz bestimmten, von der Wassertemperatur abhängigen Menge gelöst auf, und zwar je weniger, desto wärmer das Wasser ist.
Bei einer Wassertemperatur von 25 °C ist der mögliche Sauerstoffgehalt des Wassers nur halb so groß wie bei einer Wassertemperatur von 0 °C (siehe obige Tabelle). Die wesentlichste Sauerstoffaufnahme erfolgt aus der Luft über den Oberflächenkontakt des Wassers. Somit wäre eine große Oberfläche durchaus günstig, wenn nicht auch die Sonneneinstrahlung vermehrt und damit das Wasser wärmer, d. h. die Sauerstoffaufnahmefähigkeit des Wassers vermindert wäre. In einem heißen Sommer kann bei starker Sonneneinstrahlung die Wassertemperatur schon einmal 28 °C erreichen — dann wird es für viele Fische gefährlich. Man erkennt es u. a. daran, daß die Fische anfangen, an der Oberfläche nach Luft zu schnappen. Der kritische Punkt wird aber nicht am heißen Tag, sondern in der darauffolgenden Nacht erreicht: Tagsüber produzieren die Wasserpflanzen durch Assimilation viel reinen Sauerstoff, den man als nicht abreißende »Perlenkette« von den Blättern aufsteigen sieht. Bei Dunkelheit hört aber die Sauerstoffproduktion der grünen Blätter auf, und nun verbrauchen die Pflanzen selbst auch noch von dem knappen Sauerstoff des Wassers, so daß der Sauerstoffgehalt plötzlich unter den notwendigen Mindestwert absinkt. Hier hilft nur noch eines: Sofortige Zufuhr größerer Kaltwassermengen!
Mehr noch als im Sommer hat der Luftsprudler im Winter seine Berechtigung. Durch die Eisdecke fehlt der Oberflächenkontakt zur Luft — wenn Schnee darauf liegt, auch noch das Licht für die Assimilation der Pflanzen. Trotz des kalten Wassers kommt es jetzt bei gut besetztem Teich zu einem Sauerstoffmangel — hier macht sich nun die Sauerstoffzufuhr durch die eingesprudelte Luft bemerkbar.

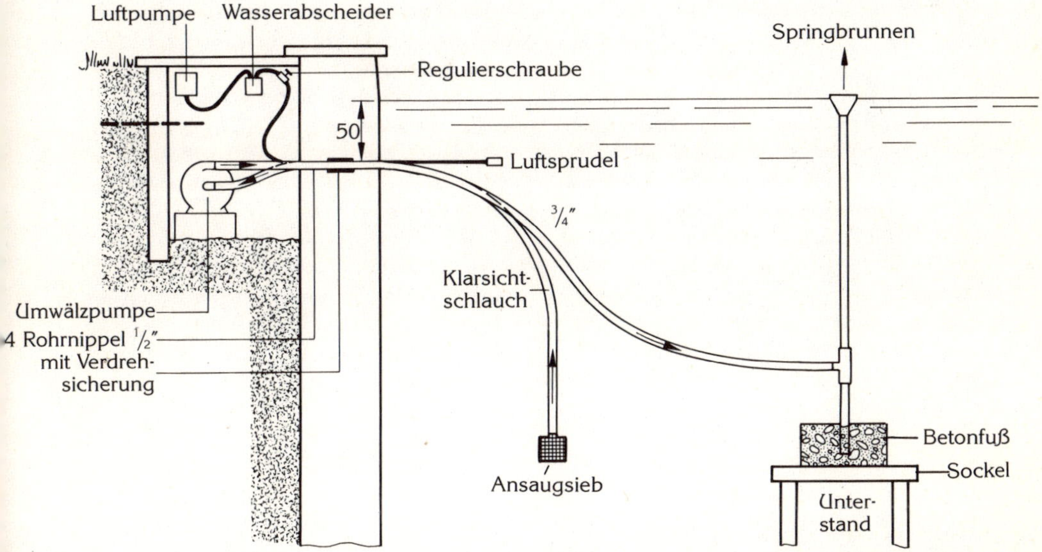

Schnitt durch die Wasserversorgungsanlage mit Umwälzpumpe, Luftpumpe, Wasserabscheider, Luftsprudler und Springbrunnenanlage.

S. 18: Goldfische und Kois.
oben links: Verschieden gefärbte Goldfische. Sie sind die bekanntesten und am weitesten verbreiteten Gartenteichfische.
oben rechts: Kometen-Goldfische sind eine herrlich gefärbte Zuchtvariante des Goldfisches. Sie besitzen einen länger gestreckten Körper und schöne lange Flossen.
Mitte: Calico Ranchu, eine Spielart der Schleierschwanzgoldfische.
unten: Beim »Koi« gibt es unendlich viele Farbvarianten, einige mit Glitzerschuppen.

Die Frequenzpumpe – möglichst eine etwas größere, für erhöhte Sicherheit – sollte tropfwassergeschützt eingebaut werden, möglichst höher als der Wasserspiegel, damit kein Wasser zurückläuft. Der Luftaustritt kommt so tief ins Wasser (siehe Bild), wie es die Pumpe druckmäßig gerade noch zuläßt. Hier bewährt sich dann die stärkere Pumpe, denn 50 cm tief sollte der Austritt mindestens liegen. Zuviel Luftaustritt kann leicht mit dem Einstellventil geregelt werden.

Die Elektroanlage

Für die Umwälzpumpe, den Luftsprudler und eine etwaige Beleuchtung des Teiches benötigen wir einen Stromanschluß. Diesen sollten wir aber auf jeden Fall von einem Fachmann verlegen lassen! Wenn wir den Elektroanschluß mit eigenen Sicherungsschaltern versehen lassen, können wir die ganze Anlage im Garten einfach vom Haus aus betätigen. Das Gartenkabel sollte im Arbeitsschacht enden, in dem die weiteren Verbraucher angeschlossen werden können. Bei mehradrigen Kabeln bleibt noch die Anschlußmöglichkeit verschiedener Steckdosen für Gartenbeleuchtung, Unterwasserbeleuchtung, unseren Weihnachtsbaum im Winter und diverse elektrische Gartengeräte. Bei Pumpen, die mit dem Beckenwasser in Berührung kommen, keine Erdleitung anschließen! Die beiden mit Sicherheit verschiedenen Potentiale führen unweigerlich zu Korrosionsschäden.

Das Wasser

Wer einen neuen Gartenteich angelegt hat, möchte gerne für alle Zeiten »glasklares« Wasser darin haben. Das ist nun aber das Schwierigste, was man von unserem Teich verlangen kann – es sei denn, wir haben das Glück, daß durch den Teich ein Gebirgsbach fließt. Wir können unseren Kunstteich mit einem ruhigen stehenden Gewässer vergleichen – und die sind in der Natur auch nicht ständig glasklar, vor allem nicht, wenn sie stark mit Fischen oder Amphibien besiedelt sind. Das sicherste Mittel, trübes Wasser zu erhalten, sind zu viele und zu große Fische, die ständig das Wasser aufwirbeln und die Schmutzpartikelchen sich nicht absetzen lassen.

Die Chemie, die man in einem Swimming-pool anwendet, verbietet sich bei unserem Fischwasser von selbst. Wir wollen ja nicht Leben abtöten, sondern Leben erhalten und vermehren.
Wasser, das man in Ruhe läßt, wird auf die Dauer von selbst klar. Nur wenn es unbedingt nötig ist, sollten wir ein ganz klein wenig unterstützen!
Algenbewuchs ist keine Verschmutzung, sondern Belebung und außerdem noch nützlich. Nur freischwimmende Algen sind störend. Wir können sie aber leicht ab und zu abfischen. Die meisten organischen Schmutz- und Sinkstoffe werden von den Kleinstlebewesen unseres Teiches aufgefressen und verwertet. Auf

die Dauer wird sich ein Gleichgewicht zwischen Produzent und Verwerter einstellen, und unser Wasser würde klar bleiben, wenn nicht kolloide Schwebstoffe zeitweise Trübung verursachen würden. Chemisch reines Wasser können und wollen wir nicht haben. Das Wasser aus der Leitung oder dem Brunnen aber ist zwar optisch sauber und gefiltert, enthält aber je nach Gegend unterschiedliche Zusätze wie Eisen, Chlor, Kalk, Salze, Phosphate, Mineralstoffe und vieles mehr. Jedes Wasser reagiert deshalb auch anders auf äußere Einflüsse.

Den Säuregehalt des Wassers kann man ganz einfach mit einem pH-Papier oder einem flüssigen Indikator (in jedem Zoofachgeschäft zu erhalten) messen. Ein pH-Wert von 6,2—7,0 ist besonders günstig. Vor der ersten Messung muß das Wasser allerdings genügend Zeit gehabt haben, sich in Ruhe einzustellen. Durch supersauren Torf kann man den pH-Wert regulieren. Die Wasserhärte ist örtlich sehr verschieden. Ein Wert von 6—13 dH (Deutsche Härtegrade) gilt aber als erstrebenswert. Auch für die Messung der Wasserhärte gibt es im Fachgeschäft Indikatoren zu kaufen. Eine Beeinflussung der Wasserhärte, wie es im Aquarium möglich ist, ist im Gartenteich jedoch schwer durchzuführen und eigentlich auch gar nicht notwendig, da die Fische viel vertragen und das Wasser auch auf Dauer von selbst »weicher« wird.

Eine Färbung des Wassers ist noch lange keine Verschmutzung. So ist saures Moorwasser z. B. leicht bräunlich (kann aber durchaus auch klar sein), das kalkhaltige Wasser eines Gebirgsbaches von farbloser Kristallklarheit. Trüb wird Wasser durch Schwebstoffe, die sich nicht absetzen wollen und die meist durch Phosphate hervorgerufen werden (siehe oben). Diese kolloiden Teilchen weisen auf eine Überdüngung des Wassers durch Exkremente und zuviel nicht gefressenes Futter hin. Darüberhinaus fressen die Fische ja auch viele der Kleinstlebewesen, die das Wasser säubern. Die Schwebstoffe können nicht absinken, da sie durch gleiche elektrostatische Ladung voneinander abgestoßen werden. In der industriellen Teichwirtschaft werden durch Zugabe von Metallsulfaten — die eine Entladung bewirken — Flocken gebildet, die entweder absinken oder aber gefiltert werden können.

Teichmuscheln *Anodonta cygnea* ernähren sich von Schwebteilchen, die sie aus dem Wasser herausfiltern. Als Lebensraum brauchen sie eine genügend hohe Bodenschicht im Teich. Bitterlinge benötigen diese Muscheln als Eiablageplatz.
Teichmuscheln gehören zu den besonders geschützten Arten und dürfen nicht aus ihren Wohngewässern entnommen werden!

Solche Flockungsmittel (z. B. Ferrifloc der Firma Giulini GmbH) eignen sich aber mehr für den Teichwirt als für unseren kleinen Gartenteich. Diese Mittel haben darüberhinaus noch die Eigenschaft, das Wasser zu säuern. Ich habe dieses Mittel aber auch schon in meinem Teich erprobt — bei vorsichtiger Dosierung vertragen es die Fische gut.
Vorbeugen ist aber besser, als chemisch säubern: Nicht zuviel füttern und Pflanzenreste oder eingefallenes Laub oder Gras rechtzeitig aus dem Wasser entfernen. Etwas Phosphor nehmen die Wasserpflanzen zum Wachsen auf, den Rest, so er nicht zu groß ist, »verdaut« das Wasser, wenn genügend Licht und Luft zur Verfügung steht. Dem Rat eines Fischzüchters folgend, habe ich mit Erfolg versucht, diese »Verdauung« durch Zugabe von Kalk zu fördern — ohne Schaden an den Seerosen anzurichten und ohne merkliche Veränderung des pH-Wertes des Wassers. Die Fische mögen diese Zugabe sogar und schwimmen begierig in die weiße Wolke. Wie schon erwähnt, bilden auch die freischwimmenden Algen, wie kleine Kiesel- und Blaualgen, eine Verunreinigung. Auch sie sind eine Folge der Überdüngung und können im Frühjahr zur sogenannten »Wasserblüte« führen. Wenige dieser Algen sind nicht schlimm, ein Überhandnehmen kann man durch Säuern des Wassers bekämpfen.
Eine gute Durchlüftung des Wassers durch Umwälzung oder einen Luftsprudler fördert den Sauerstoffgehalt und damit die Selbstreinigung durch Oxidation. Außer den Kleinstlebewesen, wie Wasserflöhen, Süßwasserschwämmen, Moostierchen, die sich von organischen Reststoffen ernähren, sind Muscheln noch gute Wasserreiniger, da sie zu ihrer recht stationären Ernährung das Wasser durchfiltern. Die mechanische Wassertrübung, z. B. durch Aufwühlen des Bodens, setzt sich nach einiger Zeit von selbst wieder.
Ein Rezept für ständig glasklares Wasser wird wahrscheinlich niemand geben können. Aber den Rat, eventuelle Eingriffe zur Erreichung dieses Zieles nur sehr sorgsam und mit Bedacht und nur in ganz kleinen Mengen vorzunehmen, sollte jeder Tierfreund im Interesse seiner Teichbewohner beherzigen. Dann wird er sein Ziel auf die Dauer annähernd erreichen, ohne seine Schützlinge, die sich auf jede Änderung ihrer Umgebung immer wieder neu einstellen müssen, zu sehr zu belasten.

Filter und Oberflächensäuberung

Mit größer wachsendem Bewuchs im Garten läßt es sich — je nach Lage unseres Fischteiches — nicht vermeiden, daß ständig Blätter und Blüten auf das Wasser geweht werden. Es gibt ein einfaches Mittel, trotzdem die Wasseroberfläche sauber zu halten: lassen Sie das Wasser fließen!
Wenn man z. B. auf das Standrohr des Springbrunnens einen Rohrwinkel

Schnitt durch unseren Gartenteich mit Flachwasser-Sonnenplatz für die Fische, Sumpf- und Laichbecken und tieferen Pflanzenbecken.

schraubt, der gerade in der Wasseroberfläche liegt, kann man eine Strömung erzeugen, die sich durch Drehen des Rohrwinkels genau zielen läßt. Eine nur recht schwache Strömung bringt in einigen Stunden die ganze Wasseroberfläche zum Fließen, ohne daß tieferes Wasser aufgerührt wird. Mit der Oberfläche kreisen nun auch die aufgewehten Blätter, und wir brauchen nur noch an geeigneter Stelle ein Hindernis einzubauen, damit sie sich davor stauen. Eine auf dem Wasser schwimmende Schnur würde genügen; besser ist aber ein grobes Netz, mit dem man das Fanggut leicht herausnehmen kann. Denn wenn der Stau zu stark wird, findet die Strömung einen neuen Weg um das Hindernis herum.

Diese Anlage läßt sich leicht mit einem Filter kombinieren, der Schwebstoffe aus dem Wasser nimmt. Inzwischen gibt es ausgezeichnete Unterwasserfilter, eimergroß und mit Unterwasserpumpe für Dauerlauf, die genügend Durchfluß haben, um alles anzutreiben. Sicher muß man den Filter zwei- bis dreimal in der Saison säubern – aber das lohnt sich. Kaufen Sie aber nur einen Qualitätsfilter, zu dem Sie später auch Ersatzteile bekommen können. Binden Sie den ganzen Filter an eine starke geflochtene Angelschnur, an der sie ihn bei Bedarf hochziehen können. Das Elektrokabel ist dafür nicht geeignet! Die Schnur bleibt viele Jahre lang stabil.

Die Fische mögen diese leichte Strömung. Sie können sich jetzt wie in der freien Natur Futter zutreibe n lassen und ein wenig Bewegung sieht auch an den vom Boden hochtreibenden Unterwasserpflanzen hübsch aus. Im Spätherbst nimmt man den Filter heraus. Den großen Laubfall würde die Anlage nicht schaffen und dann ist das gespannte Netz (siehe S. 60) besser geeignet.

Die Bepflanzung

Setzen Sie Laubbäume oder nadelnde Kiefern nicht zu nahe an das Becken! Die Pflanzen in unserem Gartenteich brauchen einen nahrhaften Boden. Da die tiefen Pflanzenbecken später nur noch schwer zu erreichen sind, füllen wir gleich lehmige Rasenerde oder Gartenboden mit einer Vorratsdüngung, z. B. Hornspänen, ein. Diese Vorratsdüngung hält lange an, ohne das Wasser zu beeinflussen. Höher aufgemauerte Pflanzenbecken werden erst mit Kies aufgefüllt, über den wir ein feines Kunststoffnetz legen. Darauf schichten wir erst Sand, dann Erdboden.

In den Großgärtnereien finden wir heute Wasserpflanzen aller Arten und Preisgruppen; hier werden wir meist auch gut beraten, welche Pflanzen in welcher Tiefe angesiedelt sein wollen. Das ist nämlich viel wichtiger als die geeignete Bodenqualität, denn die gleicht sich im Laufe einiger Jahre durch Sink- und Faulstoffe dem üblichen Teichboden an. Da Wasserpflanzen oft ein enormes Wachstum zeigen, können wir ruhig sparsam bepflanzen. Eine in 1,50 m Tiefe gesetzte Seerose reicht aus, um 6—10 m² Wasserfläche zu beschatten. Die einfachen Teichrosen mit ihren kleinen, gelben Blüten und den zarten, ovalen Schwimmblättern besitzen eine zusätzliche Unterwasserbelaubung, die wichtig für die Sauerstoffproduktion ist.

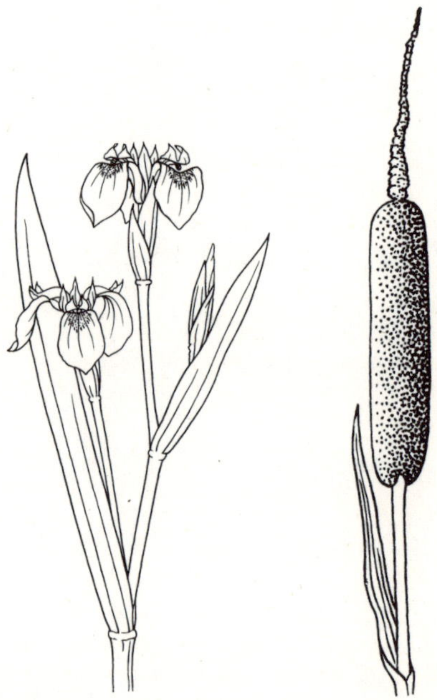

Die Wasser-Schwertlilie *Iris pseudocarus* mit ihren leuchtend gelben Blüten eignet sich besonders zur Bepflanzung der Ufer- und Randzone. Sie wird bis zu 1 m hoch und ist winterhart.
Der breitblättrige Rohrkolben *Typha latifolia* gehört zu den Pflanzen für die Tiefwasserzone (1—1,5 m).

Beide »Rosen« bilden beachtliche Wurzelstöcke aus, über die sie sich dann wieder gut vermehren lassen. Damit die Pflanzen nicht aufschwimmen, müssen wir sie sehr gut verankern und befestigen.
Pflanzbecken mit 60—80 cm Tiefe

Bepflanzung

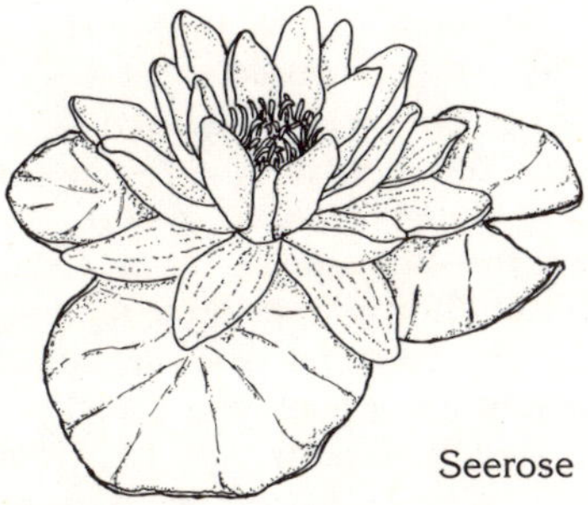

Seerose

eignen sich für große Pflanzen — wie Rohrkolben, Binsen, Schilfrohr —, die bis zu zwei Meter aus dem Wasser ragen können. Vorsicht, die Pflanzen wuchern stark durch seitliche Wurzelschößlinge, das Becken muß also gut begrenzt sein. Später kann man noch klaren Sand und Kiesel einschütten. Da sich hier kaum Moder absetzt, bleibt der Boden hell. Im Stengelwald dieser Pflanzen werden später viele Fische ihren bevorzugten Standplatz haben.

Die flachen Sumpf- und Laichbecken lassen sich besonders hübsch mit blühenden Sumpfpflanzen gestalten, die zwar alle sehr stark wuchern, die wir aber hier gut in den Griff bekommen können. In nur 3 cm Wassertiefe wächst zum Beispiel die Gelbe Sumpfdotterblume, und sogar die kleine, weiße Kalla fühlt sich in dieser »Tiefe« wohl. Zartes Unterwassergras, das sich bodendekkend ausbreitet, bildet einen guten Übergang zu den Flachwasser-Sonnenplätzen für unsere Fische, die wir von wuchernden Pflanzen freihalten sollten. Hier stehen bei der ersten Frühlingswärme dichtgedrängt die Goldfische und sonnen sich; später beginnt hier das Hochzeitswerben. Deshalb nur Kies und scharfen Sand einfüllen, der nicht so leicht aufgewühlt werden kann.

Im Auslauf der Schräge muß unbedingt ständig die Unterbrechung des Bodens und der Wurzeln beibehalten werden, auch der Rasen sollte nicht ins Wasser wachsen. Die Graswurzeln ziehen nämlich wie eine Saugpumpe erstaunliche Wassermengen — auch über einen etwas erhöhten Rand — aus dem Teich.

Wir können nun noch die getauchten Laichkräuter und freischwimmende Pflanzen, vor allem Wasserpest *(Elodea)* einsetzen. Diese Pflanzen sind zum einen hervorragende Sauerstoffproduzenten, zum anderen dienen sie den Fischen als Nahrung. Man legt die Pflanzen entweder einfach im flachen Wasser aus oder bindet Büschel zusammen, die, mit einem Stein beschwert, absinken. Diese »Steinbindemethode« hat sich auch recht gut bei Unterwasserpflanzungen bewährt.

Im Gegensatz zum Aquarianer, der die Algen in seinen Aquarien fürchtet und ständig mit ihrer Entfernung beschäftigt ist, sind für den Gartenteichliebhaber Algen eine notwendige und nützliche Zugabe: Sie dienen den Fischen und dem Kleingetier als Nahrung; langfädige Algen filtern auch noch erheblich das Wasser. Algen kommen meist von selbst — wenn nicht, kann man sich aus einem natürlichen Gewässer welche holen. Wir werden unsere Fische immer wieder dabei beobachten können, wie sie Steine

Bepflanzung

Schnecken sind im Gartenteich nützliche Helfer bei der Algenbekämpfung.

Spitzschlammschnecke *Lymnaea stagnalis*

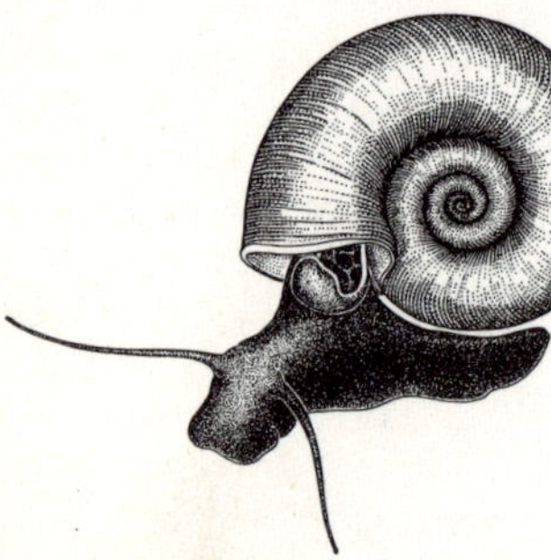

Posthornschnecke *Planorbarius corneus*

Sumpfdeckelschnecke *Viviparus viviparus*

und Beckenwände »abweiden«. Überzähligen Algenbewuchs sollten wir nicht sofort mit der Chemie bekämpfen, sondern ihn zunächst einmal mit einem Rechen aus dem Wasser ziehen. Nur in Ausnahmefällen sollten wir unserem Teich mit chemischen Mitteln »zu Leibe rücken«, meist regelt sich das natürliche Gleichgewicht jedoch von selbst ein. Mit einer Handvoll einheimischer Schnekken im Wasser haben wir zusätzliche Algen-Verzehrer, die sich zudem in unserem Gartenteich auch noch gut vermehren.

Wasserpflanzen vertragen keine Trokkenheit, sie müssen deshalb feucht transportiert und so schnell wie möglich eingepflanzt werden. Und dann können wir unseren Teich endgültig füllen. Wenn wir den Füllschlauch in einen Eimer stecken, so bricht sich hier der scharfe Wasserstrahl, und der Wasserspiegel hebt sich langsam und allmählich, ohne daß der Boden aufgewühlt wird. Aufgeschwemmte Teilchen und leichten Schaum – die sich leider nicht ganz vermeiden lassen – können wir später ganz leicht abfischen. Der feine Lehm, der zunächst noch das Wasser trübt, sinkt auch bald zu Boden.

Und nun müssen wir dem Teich Ruhe gönnen! – Ich weiß, wie schwer es fällt, nicht gleich Fische einzusetzen, aber tun Sie sich und dem Teich den Gefallen. Sie ersparen sich damit eine lange Zeit der Wassertrübung. Das Wasser muß sich ganz langsam beruhigen können. Es bildet seinen eigenen pH-Wert, spaltet chemische Zusätze ab und be-

ginnt dann ganz von selbst, vom gereinigten, sterilen Zustand zum Leben zu erwachen. Bald schon wird der neue Lebensraum von Insekten und anderem Kleingetier in Besitz genommen werden — dies wiederum lockt dann größere Tiere, wie z. B. Vögel, an. Nach etwa zwei Monaten »Ruhezeit« können wir dann die ersten Fische einsetzen.

Aus Natursteinen gesetzter Wassereinlauf mit kleinem Wasserfall, der die Funktion des Springbrunnens übernimmt.

Unsere Fische

Die Fische unseres Gartenteiches

Man kann nicht generell angeben, wieviele Fische auf einen Kubikmeter Wasser kommen, da die Tiere verschieden groß sind, mit den Jahren wachsen und sich vermehren und die einzelnen Arten ganz unterschiedliche Bedürfnisse haben. Wir sollten auch daran denken, daß wir immer noch genügend Platz haben für ein »besonderes Exemplar«, das wir später noch erwerben können. Deshalb: Mit wenigen und kleinen Fischen anfangen!

Kleine Fische verhalten sich auch nicht anders als große, sie stiften aber weitaus weniger Unruhe und halten sich so »ganz nebenbei«, auch wenn wir sie einmal wochenlang allein lassen müssen. Für wenige und kleine Fische reicht das Nahrungsangebot an Algen und anderen Kleinstlebewesen im Gartenteich immer noch aus. Wer sich nun Fische im Gartenteich halten will, der muß sich auf jeden Fall zuerst die nötigen Kenntnisse über diese Tiergruppe und die einzelnen Arten aneignen, damit die Fische nicht später unter unsachgemäßer Haltung und Pflege zu leiden haben.

Fische sind wasserbewohnende, wechselwarme Wirbeltiere, deren Körpertemperatur gleich der Wassertemperatur ist. Sie können nicht frieren, werden aber in all ihren Reaktionen von der Temperatur total beherrscht und entwickeln zwangsläufig ein temperaturabhängiges Zeitempfinden. Im Winter sind sie träge und nehmen kaum etwas wahr. Die Zeit rast dahin — also ist er gar nicht so lang. Bei Wärme leben sie schneller und intensiver und »erleben« viel mehr in der Zeiteinheit, die dadurch gedehnt wird. Die warme Jahreszeit ist ihr Leben. Und je wärmer sie ist, um so länger dauert sie. Welch köstlicher Gedanke! Man zählt das Alter der Fische nicht nach Jahren, sondern nach Sommern. Treffender kann man Wechselblütigkeit kaum in einem einzigen Wort ausdrücken.

Ihr Körper gliedert sich in vier Regionen: den Kopf, der von der Schnauzenspitze bis zum Hinterende des Kiemendeckels reicht, den Rumpf, den Schwanz, der vom After bis zur Basis der Schwanzflosse geht, und die Flossen. Als Schutz gegen die Außenwelt ist der Körper bei den meisten Fischarten mit Schuppen bedeckt und von einer Schleimschicht überzogen. »Nackte« Arten, wie z. B. Wels und Groppe, besitzen keine Schuppen, dafür aber eine stärkere Schleimschicht. Die Haut ist für die Fische von äußerster Wichtigkeit: Sie kann sich den chemischen Wasserverhältnissen anpassen und schützt den Fisch vor schädlichen Einflüssen, indem sie sich ständig erneuert. Im Frühjahr sieht man im Teich oft großflächige Fetzen, die nach der Winterruhe vom Fisch abgestoßen werden. Wegen dieser Schleimhaut ist

Unsere Fische

der Fisch im Wasser sehr glatt und glitschig und schwer zu packen. Spitze Zähne und scharfe Kanten aber können der Schleimhaut schaden. An einer trockenen Menschenhand bleibt die Fischhaut kleben und löst sich vom Körper des Fisches ab. Ein Fisch, dessen Schleimhaut verletzt ist, ist jedoch zum Tode verurteilt: Er fängt an, an den lädierten Stellen zu verpilzen, ist allen Krankheitserregern schutzlos ausgeliefert und stirbt innerhalb von 14 Tagen. Mit nassen Händen kann man einen Fisch ohne weiteres kurzfristig aus dem Wasser nehmen und festhalten — aber nicht zu lange dem feuchten Element fernhalten, das Tier »erstickt« sonst. Fische atmen anstelle der Lungen mit Kiemen, die unter den Kiemendeckeln liegen und vom Wasser umspült werden, so daß der lebensnotwendige Sauerstoff aus dem Wasser aufgenommen werden kann. Damit das Wasser die Kiemen auch gut umspült, macht der Fisch beim Schwimmen das Maul etwas auf oder stellt sich — wie die Forellen — in die Strömung. Im ruhigen Wasser erzeugt der Fisch selbst eine Strömung, indem er gleichzeitig das Maul öffnet und die Kiemendeckel abspreizt. Auf diese Weise erzielt er einen erheblichen Sog, den er auch zur Futteraufnahme ausnützt. Nimmt man einen Fisch aus dem Wasser, so überlebt er zwar noch eine ganze Weile, da die noch feuchten Kiemen auch aus der Luft noch etwas Sauerstoff aufnehmen können, aber die feinen Kiemenblättchen trocknen sehr schnell und verkleben dann miteinander, so daß kein Sauerstoff mehr aufgenommen werden kann. Läßt man den Fisch jedoch bald wieder ins Wasser gleiten, dann wird er nach einigen bangen Minuten wieder lebhaft umherschwimmen. Ein kurzfristiger Wasserentzug ist also für einen Fisch weitaus weniger gefährlich als eine Verletzung seiner schleimigen Haut!

Für die dreidimensionale Lebensweise der Fische ist die Schwimmblase unentbehrlich: Sie gleicht das Körpergewicht dem des verdrängten Wassers an und ermöglicht es dem Fisch, in jeder Wassertiefe »stehenzubleiben«. Manche Jungfische müssen diese Schwimmblase erst einmalig an der Wasseroberfläche füllen, und auch später muß eine Regulierung stattfinden, denn mit dem Fisch wächst ja auch seine Schwimmblase und deren Fassungsvermögen. Fische aus Aquarien können zunächst nicht tief im Teich hinuntertauchen, und Karpfen, die den Winter am Grund des Teiches verschliefen, haben Mühe, im Frühjahr an die Oberfläche zu kommen. Sie schaffen dies nur durch ständigen Flossenantrieb — sobald dieser aussetzt, sinken sie wieder ab. In Anpassung an ihre Lebensweise haben sich bei den Fischen die verschiedensten Körperformen entwickelt. Mit geübtem Blick können wir bald aus der Form eines Fisches auf seinen Lebensraum und seine Lebensweise schließen und seinen Bedürfnissen entgegenkommen:

- Längliche, torpedoförmige Fische mit annähernd rundem Querschnitt leben in fließenden Gewässern und sind selbst schnelle Schwimmer.

Unsere Fische

Ein wenig Fischanatomie am Beispiel der Regenbogenforelle!

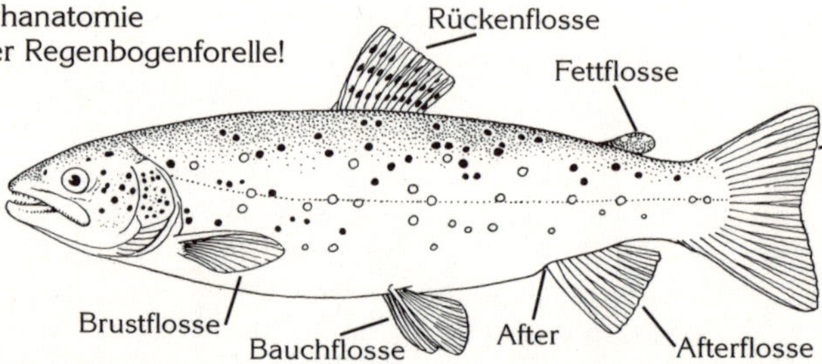

- Längliche, hochrückigere Formen mit ovalem Querschnitt leben in langsameren Gewässern, in jeder Tiefe, im Kraut und auch am Grund.
- Ganz flache, scheibenförmige Fische sind dem Schwimmen durch Rohr und Schilf angepaßt, leben also in ruhigen Gewässern.
- Schlangenförmige Fische leben am Grund, im Schlamm und Moder, zwischen Steinen und in Löchern.
- Platte Fische liegen meist flach am Boden.

Auch die Stellung des Fischmauls verrät viel über die Lebensweise:

- Fische mit oberständigem Maul, das sich mehr nach vorne oben öffnet, nehmen ihre Nahrung am Wasserspiegel auf (Oberflächenfische).
- Fische mit unterständigem Maul suchen ihre Nahrung am Boden.
- Ein gerades, nur vorwärts gerichtetes Maul haben die Fische, die durch alle Wasserschichten ziehen und ihre Nahrung suchen.
- Ein großes Maul mit Zähnen zum Zupacken haben die Raubfische.

Man kann im Gartenteich ruhig einen kleinen Raubfisch zwischen Friedfische setzen, denn, wen er nicht schlucken kann, den greift er auch nicht an. Kein Raubfisch unserer heimischen Gewäs-

Die Stellung des Fischmauls verrät viel über die Lebensweise: **a** unterständiges Maul, **b** oberständiges, **c** endständiges.

ser beißt seine Beute nur an, er muß sie im ganzen schlucken können, und dazu ist schon ein Größenverhältnis von etwa 1:3 erforderlich. Ein Raubfisch in unserem Gartenteich sollte also etwas kleiner als die dort lebenden Friedfische sein.
Hinweise auf die Artzugehörigkeit liefern uns die Fischflossen:

- Lachsartige Fische (Salmoniden) zeichnen sich durch die kleine speckige Fettflosse aus, die kurz vor der Schwanzflosse auf dem Rücken liegt.
- Weiß- und Friedfische haben nur eine, oft sehr verschiedene Rückenflosse.
- Barschartige Raubfische haben zwei, meist ineinander übergehende Rückenflossen, von denen die vordere mit Stacheln bewehrt ist.
- Dorsche haben drei Rückenflossen.
- Aale, Quappen und der europäische Wels haben lange, über den ganzen Rükken oder auch Bauch ausgezogene Saumflossen.

Alle bisher gegebenen Hinweise beanspruchen natürlich nicht den Rang wissenschaftlicher Genauigkeit, sie sollen nur ein wenig über die Lebensweise und die Bedürfnisse der Fische informieren. Wer sich genauer informieren will und seine Fische ganz genau bestimmen möchte, der sollte sich ein geeignetes Bestimmungsbuch mit guten Abbildungen und Beschreibungen beschaffen.
Die Farbe der Fische sollte uns beim Besatz unseres Teiches am wenigsten beeinflussen, denn dieses Merkmal ist sehr veränderlich. Forellen gleicher Art können im gleichen Bach über Steingrund grau, über Sand bräunlich, im Bewuchs blaugrün und über Schiefer schwarz aussehen. Barsche sind in trüben Seen unscheinbar schmutzigbraun mit wenig Zeichnung und im klaren Wasser so farbenfroh und schön gezeichnet, daß man sie für eine ganz andere Art halten könnte. Wildfische mit ihrer Schutzfärbung sind im Gartenteich natürlich nicht so auffällig wie etwa die roten Goldfische oder Goldorfen. Es wäre aber schade, wenn wir nur wegen der weniger auffallenden Färbung auf Wildfische im Gartenteich verzichten wollten. Gerade ihre Beobachtung, die zwar etwas schwieriger ist und mehr Geduld erfordert, belohnt uns mit reichen Erkenntnissen und Einsichten in ihr naturbedingtes, spontanes und reaktionsschnelles Verhalten.
Die Größe der Fische und ihr Wachstum können sehr unterschiedlich sein. Es ist daher auch nicht möglich, nur nach der Größe des Fisches auf sein Alter zu schließen, denn die Tiere wachsen je nach Lebensbedingungen mal schneller, mal langsamer. Ihr Wachstum vollzieht sich kontinuierlicher als bei den Warmblütlern und wird nicht kurz nach der Geschlechtsreife gestoppt. Erst sehr viel später in ihrem Leben erreichen einige von ihnen ganz besondere Ausmaße und nehmen dann nur noch an Gewicht zu. Eine genaue Altersbestimmung kann der Fachmann anhand der Schuppen vornehmen, die wie die Jahresringe eines Baumes ein Muster zeigen, auf dem jedes Jahr »eingezeichnet« ist. Auch die Umgebung beeinflußt die Entwicklung des Fisches. In einem gro-

Unsere Fische

ßen Gewässer werden Fische größer als in einem engen Becken. Ein großer Karpfen, den ich geangelt und dann in meinen Gartenteich gesetzt hatte, hat sich zwar gut eingelebt und frißt auch reichlich, aber er wuchs nicht in dem erwarteten Maße weiter, sondern nur äußerst langsam. Im gleichen Zeitraum (3 Jahre) wuchs ein Jungkarpfen, der aus einem Aquarium stammte und nur 3 cm groß war, nach dem Umsetzen in den für ihn ja riesigen Teich sehr schnell heran und erreichte die Größe des anderen – 50 cm –, so daß man sie heute kaum unterscheiden kann. Dabei weiß ich als Angler sehr genau, daß das keineswegs die »Erwachsenengröße« eines Karpfens ist. Ich warte mit Spannung, ob der jüngere seinen älteren Genossen überflügeln wird.

Der erste Besatz

Für unseren Gartenteich brauchen wir Kaltwasserfische. Alle Zoogeschäfte bieten diese an und mit dem zunehmenden Interesse der Gartenbesitzer für einen eigenen Teich haben auch die großen Gartencenter oft Wasserpflanzen und Fische in ihr Programm genommen.
Hier schillern die vielfarbenen Kois und Shubumkins und überblenden unseren altbewährten Goldfisch, der aber immer noch der problemloseste und zuverlässigste Gartenteichbewohner ist – dicht gefolgt von der Goldorfe.
Man sollte den Besatz stets mit diesen einfachen, unkomplizierten – und mit kleinen – Fischen beginnen!
Stellen sich nachher irgendwelche Fehler heraus, die uns trotz aller Sorgfalt unterlaufen sind, so daß wir nochmals abfischen müssen um zu ändern oder zu reparieren, sind Goldfische – nicht so die Orfen – leicht zu fangen und nehmen nicht gleich alles übel.
Kleinere Fische gestatten größere Vielfalt und sind unverhältnismäßig viel billiger als große; wachsen werden sie bei uns!
Setzen Sie keine Einzeltiere ein. Die meisten Fische sind Schwarmtiere und fühlen sich in Gesellschaft Gleichartiger wohler. Und auch nur eine gewisse Vielzahl ermöglicht eines Tages die Nachzucht. Die rechnerische Chance, daß sich Paarungen ergeben können, ist bei
2 Fischen 50%
3 Fischen 75%
4 Fischen 87,55%
5 Fischen 93,75%
6 Fischen 96,88%
7 Fischen 98,44%
8 Fischen 99,22%
9 Fischen 99,61%
10 Fischen 99,80%
jeweils im Minimum, da Fische ja nicht monogam leben.
Wenn Sie die hiesigen Wildfische im Handel nicht bekommen, fragen Sie einmal einen Angler oder in einem Angelgeschäft nach. Die führen oft »Köderfische«, die sicher lieber in einem Gartenteich weiterleben möchten, als die Aufmerksamkeit eines Hechtes auf sich zu ziehen. Aber genau auf gesunde und un-

verletzte Tiere achten und sie vorsichtshalber zunächst in ein Quarantänebekken setzen!
Man findet bei den Wildfischen auch manchmal Besonderheiten, wie die immer wieder zufällig vorkommenden »goldenen« Spielarten von Plötzen, Schleien, Karpfen und anderen.
Im Gegensatz zum Goldfisch, der als Jungtier meist schwarz ist und sich innerhalb von zwei Jahren ausfärbt, wechseln die Wildarten nicht so leicht ihre Färbung – vor allem aber nicht eine vorgegebene Scheckung. Das trifft auch auf die fernöstlichen Importe zu, die sich bei unseren Wassertemperaturen nicht vermehren können und auch etwas empfindlicher sind als die einheimischen Arten. An der persönlichen Scheckung kann man einen einzelnen Fisch leicht wiedererkennen.
Warmwasserfische umzugewöhnen gelingt nicht auf Dauer – außer beim Sonnenbarsch, der eigentlich kein echter Warmwasserfisch ist, aber oft als solcher gehalten wird. Im Sommer ohne Wasserwechselschock umgesetzt, überlebt er unsere Winter durchaus, wenn er sich während der Eiszeit im tiefen Wasser aufhält. Da das aber seinem Instinkt nicht einprogrammiert ist – in seiner Heimat friert es nicht –, muß man aufpassen, ihn rechtzeitig aus den Flachwasserbeeten zu scheuchen, wo er sich vielleicht verkrochen hat und bei Frost nicht mehr herausfindet.
Noch einmal der Rat: Fangen Sie mit kleinen Gruppen kleiner Fische an. Sie werden sich vertragen und Ihnen selbst die Freude lassen, später, mit mehr Erfahrung, den Besatz noch zu vervollständigen.

Vom Umgang mit Fischen

Ein Gartenteich ist ein echter Lebensraum für Fische, die sich ja auch in freier Natur ein relativ eng begrenztes Revier abstecken und nicht im ganzen See oder Fluß herumschwimmen, wie mancher vielleicht meinen mag. Ein solches Revier bewohnen Schwarmfische gemeinsam; die Reviere verschiedener Arten können sich auch überschneiden. Es ist deshalb sicher keine Quälerei, unterschiedliche Fische in einem relativ kleinen Gewässer – unserem Gartenteich – zu halten, und wir können auch an dem Verhalten unserer Gartenteich-Fische sehen, daß sie sich in ihrem neuen Revier wohlfühlen.
Der Umgang mit unseren Freunden, den Fischen, beginnt schon beim Einsatz in den Teich. Die Fische können einen tödlichen Schock erleiden, wenn sie unvermittelt in viel kälteres Wasser geschüttet werden. Es ist deshalb ratsam, für einen langsamen Temperaturausgleich zu sorgen, indem man den Transportbeutel zunächst noch geschlossen in das Becken legt.
Kleinfische, wie Stichlinge, kann man – wo es gestattet ist – in Tümpeln und Gräben leicht selbst mit einem feinen Kescher fangen. Man kann aber auch geangelte Fische einsetzen, wenn diese

nur ganz leicht verletzt sind (ohne Verletzung des Fisches wird man wohl kaum angeln können) und beim Transport pfleglich behandelt wurden. Angelhaken ohne Widerhaken und sofortiger Anschlag fassen den Fisch an der Lippenkante. Vorsichtig abgehakt und transportiert, hat der geangelte Fisch keine Schwierigkeiten, sich in unserem Teich einzugewöhnen. Verletzte Tiere sollte man gar nicht erst einsetzen. Es kommt leicht zu Schleimhautablösungen und Verpilzungen, und man muß dann diese kranken Tiere wieder aus dem Teich fangen, und das ist schwieriger, als es zunächst aussieht: Fische, die eine Zeitlang in unserem Teich waren, haben schon ihre Fluchtwege und Verstecke. Merken die Fische, daß man sie fangen will, dann sind sie plötzlich blitzschnell verschwunden, und wir wollen ja in unserem sorgsam bepflanzten Bekken nicht alles mit dem Kescher durcheinanderbringen. Eine Senke, ein sehr flaches, dichtes Netz, das man langsam auf den Grund oder die Schräge legt, ist da besser. Wenn die Fische sich wieder beruhigt haben, werden sie über der Senke angefüttert und durch plötzliches Heben des Netzes eingefangen. Es kommt ja nicht so oft vor, daß wir Fische aus dem Teich fangen müssen, aber wenn der Bestand zu groß geworden ist, müssen wir das eine oder andere Tier wohl oder übel abgeben, oder wenn ein Fisch erkrankt ist, kann es sein, daß wir ihn aus dem Teich holen und töten müssen. Das ist zwar nicht sehr angenehm, aber immer noch besser, als das Tier langsam verenden zu lassen. Ein harter Schlag auf den Kopf und ein schneller Stich mit dem Messer unter den angehobenen Kiemendeckel, der das Rückgrat durchtrennt, streckt jeden Fisch (außer dem Aal) in der gleichen Sekunde und erspart ihm viele Qualen.

Das Füttern

Füttern sollten wir immer so sparsam wie möglich, damit keine Reste bleiben, die dann zu faulen beginnen und das Wasser verunreinigen und trüben. Einen guten Teil der Fischnahrung produziert unser Teich selbst (Kleinstlebewesen wie Algen, Wasserflöhe usw.). Es gibt aber auch hervorragende Futtermi-

S. 35 oben: Goldschleien *(Tinca tinca)* sind ruhige Fische und können gut mit Goldfischen zusammen gehalten werden.
unten: Goldorfen *(Leucisus idlus)* sind ausgeprägte Oberflächenfische.

S. 36 und 37: **Gestaltungsvorschlag für einen fischgerechten Gartenteich**
links oben: Seekanne *(Nymphoides peltata)*
links unten: Europäische Sumpfschildkröte
Mitte: Gartenteich mit Goldorfen und Goldfischen, mit Seerosen bewachsen.
unten rechts: Grasfrosch
oben rechts: Blutweiderich *(Lythrum sadicaria)*. Widerstandsfähige, winterharte Gartenteichpflanze mit blutroten Blütenständen.

schungen zu kaufen, in denen wohl jeder Fisch etwas für sich findet. Größere Fische nehmen gerne Granulatfutter, wie es die Forellenzüchter als tierisches und die Karpfenhalter als pflanzliches Konzentrat verwenden. Da das beliebtere tierische Granulat stark »duftet«, können wir damit auch einmal ausprobieren, wie gut manche Fische »riechen« oder »schmecken« können.

Brotkrumen können wir gut als Lockfutter verwenden; fast alle Fische – außer den Raubfischen – nehmen sie gerne an. Große Friedfische bekommen zusätzlich Haferflocken, verquollenen Mais und Weizen, gekochten Reis und Kartoffeln. Sie fressen und verdauen so ziemlich alles. Was sie nicht mögen, stoßen sie augenblicklich wieder aus, so daß man nach einiger Beobachtung genau weiß, was sie mögen und was nicht. Mit Regenwürmern kann man die Fische sogar zahm bekommen, solch eine Delikatesse stellen sie dar!

Ich habe festgestellt, daß die Fische in meinem Gartenteich sich an die Person, die sie füttert, gewöhnen und den Betreffenden anscheinend schon am Schritt erkennen, lange bevor er am Wasser ist. Kommt eine fremde Person mit, ist ihr Vertrauen bereits beeinträchtigt.

Wir sollten auch nicht vergessen, daß die meisten Fische Vegetarier sind. Werfen Sie hin und wieder einmal junges Gras oder Salatstückchen aufs Wasser. Brassen, Rotaugen, Rotfedern, aber auch Orfen, nehmen dieses Futter sofort dankend auf. Die Graskarpfen (Name!) sind sogar ganz versessen auf diese Kost. Spiegelkarpfen dagegen nippen nur daran, und Goldfische mögen dieses Futter überhaupt nicht. Durch Zugabe von Grünfutter ergänzt man aber nicht nur den Speiseplan, sondern vermeidet auch, daß die Unterwasserpflanzen zu stark »beweidet« werden.

Fische scheinen fast immer hungrig zu sein, sie können aber auch schadlos über längere Zeit fasten.

Auch das macht den Gartenteich so sympathisch: Man kann ihn ruhig einmal für 2–3 Wochen allein lassen, ohne sich Sorgen um die Fische machen zu müssen, und, wie gesagt, etwas Nahrung produziert ja der Teich immer selbst.

S. 38 oben links: Junge Grasfische. Sie sind für Teiche mit übermäßigem Pflanzenwuchs und zur Bekämpfung des Algenwuchses gut geeignet.

S. 38 oben rechts: Silberfische ernähren sich im Gegensatz zu den pflanzenfressenden Grasfischen von den im Wasser befindlichen Schwebstoffen und halten auf diese Weise das Wasser klar.

S. 38 unten: Rotfedern *(Scardinius erythrophthalmus)* sind muntere Schwarmfische. Sie fressen gerne frisches Grünzeug, schnappen aber auch nach Mücken, Larven und Würmern.

Unsere Fische

Wir beobachten unsere Fische

Beobachten will gelernt sein und erfordert sehr viel Geduld. Fische sind von Natur aus sehr schreckhaft, und in einer Kettenreaktion flüchten alle, wenn auch nur einer durch eine plötzliche Bewegung oder einen huschenden Schatten verstört reagiert. Sprechen dagegen stört sie nicht (auch wenn manche Angler das immer wieder behaupten). Ich jedenfalls konnte dieses Phänomen an meinem Gartenteich nicht feststellen.

Das Ablaichen

Jungfische wird es in einem sorgsam gepflegten Gartenteich jedes Jahr geben. Die Laichzeit – je nach Art und Landschaftsteil verschieden – ist in einem freien Gewässer immer ein Schauspiel, wenn man je das Glück hat, genau zum richtigen Zeitpunkt Zeuge dieses Vorganges zu sein. Im Gartenteich beschränkt sich das Laichen nur auf wenige Tiere, und die Arten, die sehr tief laichen, werden wir sowieso kaum beobachten können. Am leichtesten lassen sich die Goldfische beobachten: Es beginnt damit, daß das Männchen, der Milchner, am Kopf kleine mehr oder weniger sichtbare Knospen ausbildet. Die Weibchen, Rogener, werden dickbäuchiger. Dann beginnt das »Treiben«. Einer oder mehrere Goldfische verfolgen mit äußerster Vehemenz einen einzelnen Goldfisch. Jetzt weiß man mit Sicherheit: Das ist ein Rogener, die Verfolger sind Milchner. Man könnte fast Mitleid mit dem gehetzten Fisch bekommen, wenn man nicht wüßte, daß es sich hier um das Liebesspiel handelt. Schließlich wird die laichreife Fischdame im flachen Wasser in die Enge getrieben und durch Stoßen mit dem Kopf gegen ihren Leib sowie Andrücken der ganzen Seiten und erregtes Flossenschlagen zum Ausstoßen des Rogens gebracht, der sofort von den Männchen mit Milch – dem Samen – überschüttet wird.

Fischeier sind ein begehrtes Futter für alle anderen Fische. Nur durch die große Anzahl der Eier und die oft geschützten Laichplätze bleiben genügend Eier übrig, so daß je nach Wassertemperatur nach 10 und mehr Tagen die ersten Fische schlüpfen. Sie sind überaus winzig, und man bemerkt meist erst sehr viel später die fertigen, gerade erst 3 mm langen Jungfische. Wenn wir sie genau beobachten und ansehen wollen, schöpfen wir sie am besten mit einem Glas aus dem Wasser. Bald schon sind diese kleinen Jungfische sehr flink und flüchten geschickt in den Bewuchs, so daß es unmöglich ist, eine größere Zahl auf einmal herauszufangen. Ganze Schwärme ziehen später von den Laichbecken ins tiefere Wasser, und unser Teich würde hoffnungslos übervölkert, wenn wir diesen Kindersegen nicht eindämmen. Die einfachste, natürliche und voll zu vertretende Lösung ist ein kleiner, nur 4–5 cm langer Barsch oder Sonnen-

barsch. Er gefährdet die größeren Fische nicht und regelt die Bevölkerungsexplosion ganz allein. Der Sonnenbarsch läßt sich, obwohl er ein Raubfisch ist, recht gut beobachten. Forellen bekommt man kaum durch den Sommer, Hecht und Zander werden zu groß und man kann sie die übrige Zeit nur schwer füttern. Ein Aal ist ein ganz unsichtbarer, unkontrollierbarer Geselle.

Fischkrankheiten

In einem gut überwachten Fischteich sollten Fischkrankheiten eigentlich sehr selten sein, doch schleppt man hin und wieder einmal eine Krankheit durch Neubesatz ein. Man sollte deshalb seine Fische ganz genau beobachten. Dann fällt einem auf, wenn einer besonders träge wird, höher als üblich schwimmt und sich auf die Seite legt. Betrachten wir diesen Fisch dann einmal ganz genau, dann werden wir meist eines der drei Symptome feststellen: aufgedunsene, faule Stellen an den Flossen, Verpilzungen der Schleimhaut oder weiße Pünktchen am Fischkörper. Hier handelt es sich um die drei typischen Fischkrankheiten: Flossenfäule — Pilzbefall — Pünktchenkrankheit.

Da der Patient schwerfällig ist, macht es keine Schwierigkeiten, ihn mit dem Netz zu fangen und sofort zu isolieren, denn der erkrankte Fisch gefährdet den ganzen Besatz. Im Handel gibt es heutzutage schon hervorragende Mittel gegen diese Krankheiten. Wir müssen aber auf jeden Fall die genauen Dosierungen beachten! Nicht nur der Patient im Quarantänebecken, sondern das gesamte Teichwasser sollte durch eine entsprechend geringere Dosierung des Medikamentes vorsorglich desinfiziert werden — diese Mittel können jedoch den Pflanzen- und Algenwuchs stark anregen. Neue Fische, bei denen man nicht ganz sicher ist, ob sie nicht eine dieser Krankheiten in sich bergen, sollte man vorsorglich in ein solches Desinfektionsbad setzen. Als Vorbeugung gegen Infektionen soll auch die Zugabe von Kochsalz (NaCl), bis zu 500 Gramm je 1000 Liter Wasser, nützlich sein. Auf jeden Fall schadet diese »Behandlung« weder den Fischen noch den Pflanzen.

Fischkrankheiten

Schädlinge

Fliegende oder schwimmende Insekten werden unseren Fischen kaum gefährlich, im Gegenteil, sie werden als Lebendfutter betrachtet. Nur der Gelbrandkäfer *(Dytiscus marginalis)* wird den Fischen bisweilen lästig. Halten wir in unserem Gartenteich jedoch auch einige Schildkröten, hat der Gelbrand schon verspielt, denn sie schnappen ihn sehr geschickt und knacken seinen Panzer, um die Innereien dann zu verspeisen. Auch entsprechend große Raubfische schnappen nach ihm — nicht, weil sie ihn mögen, sondern einfach, weil er sich bewegt. Schließlich beißen sie ja auch auf einen metallischen Blinker!

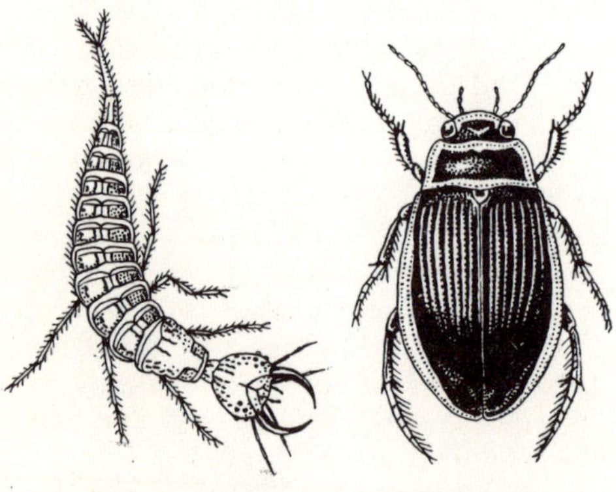

Gelbrandkäfer *Dytiscus marginalis* mit Larve. Der Käfer und seine Larve leben räuberisch im Wasser. Gelbrandkäfer sind sehr gewandte Schwimmer, aber auch gute Flieger. Sie leben von kleineren Wassertieren, die sie mit den Vorderbeinen packen und mit den Mundwerkzeugen zerkleinern.

Haben wir weder Schildkröten noch Raubfische in unserem Gartenteich, sollten wir den Gelbrandkäfer auf jeden Fall aus dem Teich fangen. Da er zum Atmen an die Oberfläche kommen muß, erwischt man ihn, mit etwas Geduld, mit einem feinen Netz.

Parasiten

Parasiten sind viel gefährlicher für die Fische. Glücklicherweise kommen sie aber nicht von selbst (wie z. B. der Gelbrand, der unseren Teich anfliegen kann), sondern werden eingeschleppt, entweder durch Neubesatz, durch neue Bepflanzung oder gar durch Lebendfutter. Es ist schwer, im Lebendfutter zu erkennen, ob vielleicht ein paar Parasiten dabei sind — meist weiß man auch nicht, ob die Wasserflöhe, die man im Fachgeschäft kaufen kann, wirklich aus einem fischfreien Gewässer stammen und folglich auch keine Fischkrankheiten bzw. -parasiten einschleppen können.
Der ekeligste Parasit, ein wahrer Quälgeist für die Fische, ist die Karpfenlaus

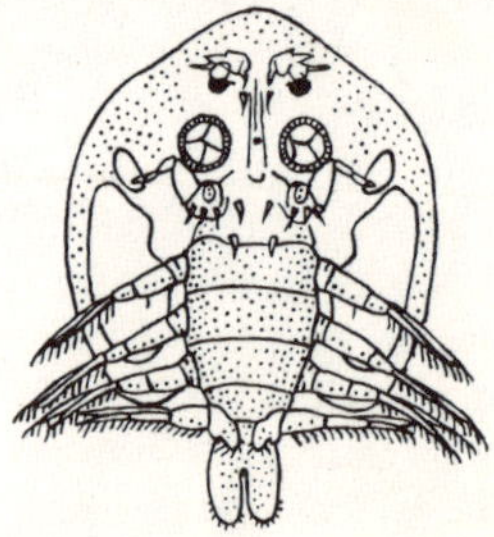

Karpfenlaus

(Argulus): Dieser, meist nur wenige Millimeter große Kleinkrebs (er kann unter günstigen Bedingungen aber auch ca. 1 Zentimeter groß werden) schwimmt mit typischen, taumelnden Bewegungen wie eine fliegende Untertasse, ist rund und flach und glasig-durchscheinend. Er sticht mit seinem, aus den Mundwerkzeugen gebildeten Stachel den Fisch an und saugt Blut und Gewebesäfte. Das dabei zur Hemmung der Blutgerinnung ausgesonderte Gift schmerzt den Fisch anscheinend sehr, und kleine Fische können an ihm sogar sterben. An den Stichstellen der Karpfenläuse kommt es zur vermehrten Schleimbildung, rötlichen Entzündungsstellen und Hauttrübungen. Folgen dieser Stichverletzungen sind Verpilzungen oder gar Bauchwassersucht.

Das Vorhandensein von Karpfenläusen läßt sich leicht am Verhalten der Fische erkennen: Um die Quälgeister loszuwerden, scheuern sie sich mit schnellen Bewegungen an Steinen, Kanten oder am Boden, ja sie springen manchmal sogar ganz unvermittelt aus dem Wasser. Freischwimmende Karpfenläuse sind nur schwer zu finden, am Fisch sitzend sind sie jedoch leicht zu erkennen. Die Rückenflossen werden von den Karpfenläusen bevorzugt befallen, aber auch die anderen Körperpartien und sogar die Kiemen. Unter günstigen Bedingungen, und die haben wir im Gartenteich, vermehren sich die Karpfenläuse explosionsartig. Die Teichfische können sich leider nicht selbst helfen, da sie die harten Läuse nicht auffressen.

Als ich einmal das Pech hatte, Karpfenläuse in meinem Gartenteich zu haben, fand ich zunächst niemand, der mir einen Rat geben konnte. Ein Händler, der wohl schon eigene Erfahrungen gemacht hatte, meinte voller Überzeugung: Wasser auskippen, Pflanzen, Steine, Bodengrund, alles wegwerfen, mitsamt den Fischen. Aquarium heiß ausscheuern und von Grund auf neu anfangen! Heute kann ich seine Haltung verstehen: Karpfenläuse sind eine Pest!

Natürlich war sein Rat nichts für den Gartenteich. Über die Berufsfischerei erfuhr ich von einem Mittel, das es jedoch nur auf Rezept gibt: Masoten® von Bayer, Leverkusen. Für 10 000 Liter braucht man ganze 3 Gramm Masoten. Es muß jedoch genau dosiert werden, damit die Fische nicht geschädigt werden. Für Karpfenläuse ist Masoten tödlich. Einen dauerhaften Erfolg gewährt (fast) eine mehrfache Wiederholung der Behandlung. Aber selbst dabei können immer wieder einige Läuse überleben und sich wieder vermehren. Masoten bekämpft auch noch andere Parasiten wie den Kiemenkrebs *(Ergasilus),* den Ankerwurm *(Lernaea),* den Kiemenwurm *(Dactylogyrus),* den Hautwurm *(Gyrodactylus),* den Hauttrüber *(Trichodina)* und verschiedene Fischegel.

Laut Literatur soll die Elritze Karpfenläuse fressen. Da es diesen Fisch hier nicht gibt, versuchte ich es mit ähnlichen kleinen, gefräßigen Räubern: den Dreistacheligen Stichlingen. Und die haben dann tatsächlich den Rest der Karpfenläuse geschafft — denn die Plage ist seitdem nicht mehr in meinem Teich aufgetreten. Ich möchte wirklich keine unnütze Angst verbreiten — kein Fischfreund sollte sich seinen Wunsch nach einem Gartenteich verleiden lassen, nur weil es eben auch Parasiten gibt. Voraussichtlich, und bei guter Beobachtung und Pflege, wird er sie nicht erleben. Aber wenn es doch einmal der Fall sein sollte, ist es gut zu wissen, was man unternehmen kann, um den Fischen diese scheußliche Qual zu ersparen.

Welcher Fisch für unseren Gartenteich?

Wie wir schon gehört haben, können wir die verschiedensten Fische in unserem Gartenteich halten. Nachstehend nun eine kurze Beschreibung der bewährtesten Fischarten für den Gartenteich.

Goldfisch
Carassius auratus

Der Goldfisch mit seinen verschiedenen Spielarten ist eine Zuchtform des Giebels und verwandt mit der Karausche. Er ist anspruchslos und widerstandsfähig und wegen seiner auffallenden Färbung gut zu beobachten. Im Laufe seines Lebens kann ein Goldfisch seine Färbung vollständig ändern. Jungfische sind meist dunkel, aber auch ältere Fische mit schwarz-roter Scheckung sind durchaus üblich. Goldfische wachsen langsam, aber stetig, nehmen fast jedes Futter — außer Grünzeug — und vertragen auch höhere Wassertemperaturen noch gut. Sie sind wenig scheu, etwas behäbig und wühlen kaum am Grund, sondern halten sich im Mittelwasser auf und lieben den Sonnenschein. Je mehr Licht sie bekommen, um so farbenprächtiger werden sie. Goldfische haben — wie die Karausche — eine lange durchgezogene, weiche und nur leicht geschwungene Rückenflosse. Spielarten wie Schleierschwanz, Drachen, Teleskop und Löwe sind schwerfälliger und deshalb auch ihren Mitbewohnern meist unterlegen.

Goldorfe
Leucisus idus auratus

Die Goldorfe stammt vom Nerfling ab und unterscheidet sich vom Goldfisch durch eine schlankere Form und eine kleine, kurze Fahne als Rückenflosse.

Bei deutlichem Schwarmverhalten ist sie viel lebhafter, kommt gerne an die Oberfläche und versucht sich darin, Insekten zu fangen. Auch sonnen sich Goldorfen gerne; sie sind aber sehr schreckhaft und haben schon mehr von einem Wildfisch. Im Laufe ihres Lebens ändern sie ihre orange-rote Färbung nicht, und auch gefleckte Tiere behalten diese Färbung bei, so daß man die einzelnen Fische gut unterscheiden kann. Die Flossen sind heller gefärbt als der Körper. Goldorfen wachsen wesentlich schneller als Goldfische. Sie sind Allesfresser und nehmen gerne auch gelegentlich gebotenes zartes Grün. Im Gartenteich bietet ein kleiner Goldorfenschwarm allerhand Beobachtungsmöglichkeiten. Die silbern gefärbten Orfen entsprechen der Wildform.

Koi
Cyprinus carpio

Der Koi ist der auffälligste und farbenprächtigste aller Kaltwasser-Zierfische. Koi ist japanisch und heißt schlichtweg »Karpfen«. Natürlich ist der Koi eine Zuchtform, die in allen Farben schillern kann; es gibt sogar »echt goldene« Exemplare, die in ihrer Farbenpracht den Warmwasserfischen nicht nachstehen. Wie alle Hochzüchtungen sind der Koi und andere Importe etwas empfindlich und sollten erst in ein gut eingelebtes Becken kommen.

Chinesischer Grasfisch
Leucisus idella ctenopharyngodon

Dieser Fisch heißt nicht nur so, er frißt tatsächlich Gras. Man sagt, daß er im Sommer täglich sein Körpergewicht an Grünzeug verzehrt. Er wird aus diesem Grund eingeführt, um Kanäle, Wasserwerksbecken und Zuchtteiche vom Bewuchs freizuhalten. Ein solcher Grasfisch leistet Erstaunliches, was den Verzehr von Grünzeug betrifft. Für den Gartenteich ist dieser Fisch problematisch, weil er sehr schnell wächst und eine Größe von 1,30 Meter erreichen kann. Auch schon ein junger Grasfisch reißt bereits Wasserpflanzen aus, und wir müssen ihn ständig mit Gras, Salatblättern, Löwenzahnblättern und anderem zartem Grün füttern, damit er nicht das Becken verwüstet. Ein junger Grasfisch wirkt aber Wunder in der Bekämpfung des Algenbewuchses!
Im Aussehen ähnelt er dem Karpfen ein wenig. Torpedoförmig langgestreckt mit großen Schuppen schillert er grün-braun-grau. Als Rückenflosse trägt er nur eine kleine Fahne. Die Augen stehen sehr seitlich und verleihen ihm ein etwas dümmliches Aussehen. Als »Südländer« liebt er Sonne und Wärme. Auf der Flucht läßt er sich einfach absinken. Der Chinesische Grasfisch vermehrt sich erst bei Wassertemperaturen über 26 °C, muß also stets eingeführt werden. Trotz seiner ruhigen Wesensart ist er ein hervorragender Schwimmer und springt, verfolgt man ihn mit Netzen,

hoch und weit aus dem Wasser über die Netze hinweg. Er ist kein Grundfisch, hat keine Barteln und ein festes Maul. Obwohl Vollvegetarier, kann er sich dem Reiz eines Regenwurmes nicht entziehen – aber welcher Fisch kann das schon?

Elritze

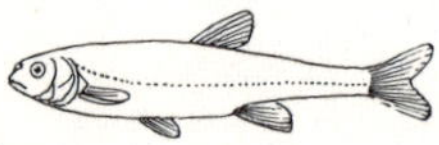

Phoxinus phoxinus

Dieses kleine, sehr muntere Fischlein fällt zur Laichzeit durch seine schöne Färbung auf. Als Begleitfisch der Forelle braucht sie klares, kaltes und sauerstoffreiches Wasser. Sie kann deshalb nur schwer transportiert werden – wenn man sie überhaupt bekommt. Angler fangen sie mit einer Sektflasche, in deren Boden ein Loch geschlagen wird und die mit etwas Brotköder mit dem Korken gegen die Strömung in den Bach gelegt wird. Die Elritzen fangen sich in dieser »Reuse« selbst, ohne Schaden zu nehmen. Verletzte Elritzen scheiden einen Duftstoff aus, der alle anderen Fische warnt und abhält!

Nerfling

Idus idus

Gesellig lebender Fisch, der sich gerne bei starker Strömung in Oberflächennähe aufhält. Stammvater der Orfe (s. Seite 44).

Bitterling

Rhodeus ocelatus

Der Bitterling empfiehlt sich eher als Aquarienfisch. Er gehört zwar zu den karpfenartigen Fischen, betreibt aber entgegen der Art Brutpflege und legt seine Eier geschützt in Muscheln ab. Die bei uns einheimische Form *Rhodeus amarus* unterliegt dem neuen Artenschutzgesetz und darf nicht mehr gehandelt werden.

Dreistacheliger Stichling

Gasterosteus aculeatus

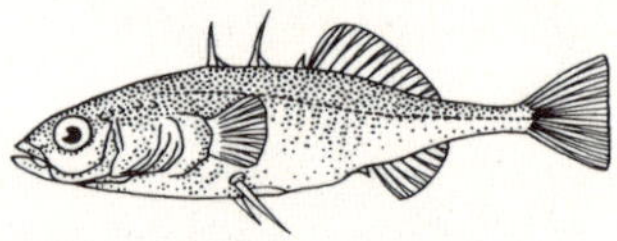

und Neunstacheliger Stichling

Pungitius pungitius

Diese beiden Stichlingsarten sind eine Besonderheit. Sie haben keine Schuppen, sondern stattdessen Knochenplatten und schwimmen wie mit Elektromotor-Propellerantrieb. Zur Brutpflege bauen sie ein Unterwassernest – wenn wir Glück haben, können wir das in unserem Laichbecken beobachten. Dabei sind die kleinen Kerle (nur bis zu 6 cm

lang) unglaublich mutig und aggressiv und stürzen sich zur Verteidigung auch auf Fische des zigfachen Eigengewichtes. Trotzdem schützen ihre Stacheln sie nicht vor einem Raubfisch.
Stichlinge können in allen Farben schillern, wenn sie sich während der Werbung wie in Krämpfen an der Wasseroberfläche winden. Nach der Eiablage wird das Weibchen aus dem Nest verjagt, und der sonst so räuberische Vater übernimmt die Brutpflege. Junge Stichlinge, die nicht wesentlich kleiner als andere Jungfische sind, kann man an ihrer eigenartigen Schwimmart leicht erkennen.

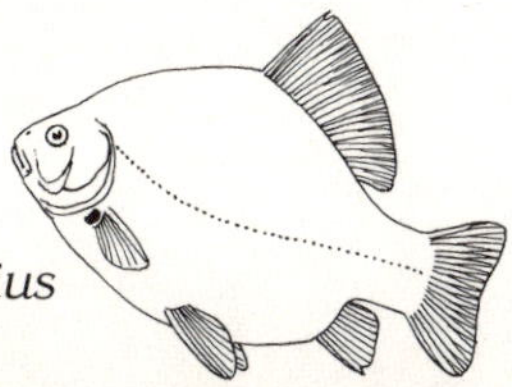

Karausche
Carassius carassius

Die Karausche – der Karpfen des Anfängers beim Angler – hat keine Barteln und bewegt sich im halbtiefen Wasser. Sie ist kürzer und flacher als ein Karpfen. Die Rückenflosse ist lang und ohne harte Strahlen. Die Karausche wechselt je nach Gewässer ihre Färbung von silbern bis olivgrün mit Goldreflexen, ihr Bauch ist hell. Die Karausche kreuzt sich auch mit dem Goldfisch, und manche Tiere färben sich völlig rot um, vom Bauch aus hochsteigend, bis nach Wochen ein neuer »Goldfisch« im Teich erscheint. Wenige Karauschen schließen sich sofort den Goldfischen an, und es kommt dann zu dieser Erscheinung. Karauschen sind ganz unproblematische Fische für unseren Gartenteich.

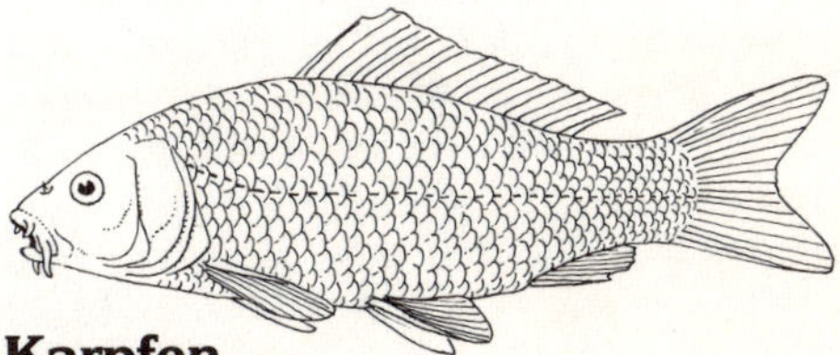

Karpfen
Cyprinus carpio

Wildkarpfen bekommt man kaum, sondern meist den Spiegelkarpfen (mit nur wenigen Schuppenreihen) oder den Lederkarpfen (ganz ohne Schuppen). Diese beiden Karpfenarten sind aber bereits Zuchtformen des Wildkarpfens.
Der Karpfen besitzt einen kräftigen, später massiven Körper mit hinter dem Kopf stark gekrümmtem Rücken. Er ist braun-grün oder auch blau-grau mit metallischen Reflexen; der Bauch ist weißgelb, die Brustflossen dunkler.
Karpfen sind Grundfische. Sie können ihr Maul vorstülpen und wühlen mit Vorliebe im Schlamm. An der Oberlippe haben sie vier Barteln, zwei kleine und zwei große. Im freien Gewässer können sie über 30 Jahre alt und an die 40 Kilogramm schwer werden. Auch im Gartenteich wachsen Karpfen schneller als ähnliche Zierfische; in 5–6 Jahren haben sie schon eine Größe von ca. 50 cm. Karpfen haben eine lang durchgezogene, etwas geschwungene Rückenflosse, die vorn höher ist als hinten

und im vorderen Teil einige harte Strahlen hat. Karpfen fressen grundsätzlich alles, was auch den anderen Fischen geboten wird. Größere Tiere bekommen zusätzlich noch gekochte Kartoffeln und Reis, gequollenen Mais und Weizen und auch Brot. Mit Regenwürmern kann man sie sogar zahm bekommen, sie fressen dann aus der Hand. Dazu braucht man zwar etwas Geduld, aber wenn sie das einmal gelernt haben, vergessen sie ihr Zutrauen auch über Jahre hinweg nicht.
Wie alle Karpfenfische haben sie keine Zähne im Maul und können nicht beißen, dafür aber sehr kräftig ansaugen. Im Rachen jedoch besitzen sie Schlundzähne, mit denen sie mühelos Schnekken oder Muscheln zerknacken können. Karpfen sind anderen Fischen gegenüber sehr friedfertig, fressen aber gerne Kaulquappen, Jungfrösche, Schnecken und andere Weichtiere. Mit verstecktem Futter kann man ihren erstaunlichen Geruchssinn testen. Angler halten diese Fische für ausgesprochen scheu, klug und kraftvoll. Letzteres kann man selbst beobachten, wenn ein Karpfen sich einmal erschreckt. Zwar zerstören Karpfen im Gartenteich nicht die Bepflanzung, aber durch ihr Wühlen trüben sie das Wasser am Grund, wobei sie allerdings auch viel Ungeziefer und Reststoffe vom Boden aufnehmen. Karpfen vertragen warmes Wasser sehr gut, und sie kommen mit einem relativ geringen Sauerstoffgehalt aus.

Schleie
Tinca tinca

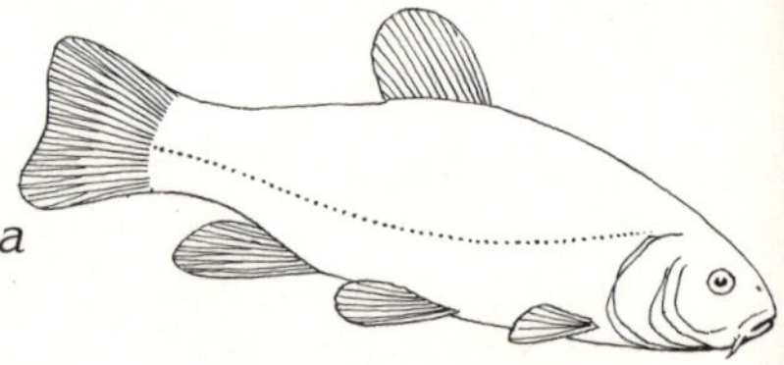

Die Schleie ist ebenfalls ein Grundfisch mit Barteln und weichen, gummiartigen Lippen. Schleien sind dunkelgrün gefärbt, mit gelbem Bauch. Sie sind leicht zu halten und unempfindlich gegen Wärme — allerdings sind diese Fische sehr scheu. Je nach Witterung kann man den Fisch auch einmal an der Oberfläche sehen und seine eleganten Schwimmbewegungen bewundern. Es gibt auch goldfarbene Schleien, die allerdings sehr schwer zu bekommen sind. Schleien wachsen langsamer als Karpfen, können aber auch groß und schwer werden.

Flußbarsch
Perca fluviatilis

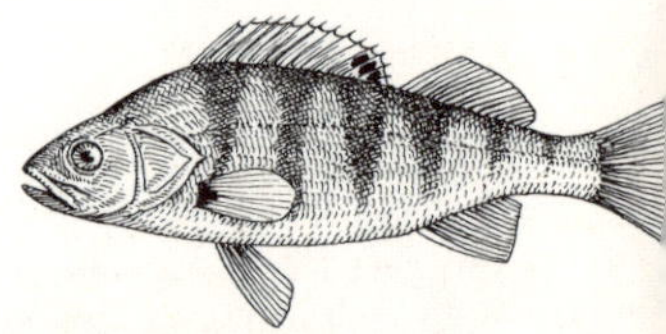

Der Flußbarsch ist auch in stehenden Gewässern zuhause und kann — in Kleinausgabe — die Regulierung der Bevölkerungsexplosion im Gartenteich übernehmen. Barsche gehören zu den weitverbreitetsten Fischsorten — stets zu erkennen an der doppelten Rückenflosse, deren vordere mit scharfen Stacheln bewehrt ist. Auch die Kiemenplatten haben einen Stachel. Der Fisch fühlt sich im ganzen rauh an, da er auf den Schuppen kleine Dornen trägt. Je nach Gewässer hat er eine dunkelgrüne oder

braungrüne Färbung mit 5–8 dunklen Querstreifen vom Rücken zum Bauch hin. Die Flossen sind rötlich. – Der Flußbarsch bleibt scheu und kann mit dem üblichen Fischfutter wenig anfangen. Er ist sehr gefräßig und kann sein Maul so weit aufstülpen, daß er Beutefische von fast der Hälfte seiner Größe schluckt. Da das Maul fein mit nach hinten gerichteten Zähnchen bewehrt ist, kann er die einmal gefaßte Beute nicht mehr freigeben und muß sie notfalls in Etappen würgen und verdauen. – Flußbarsche halten sich gut im Gartenteich.

Sonnenbarsch

Lepomis gibbosus

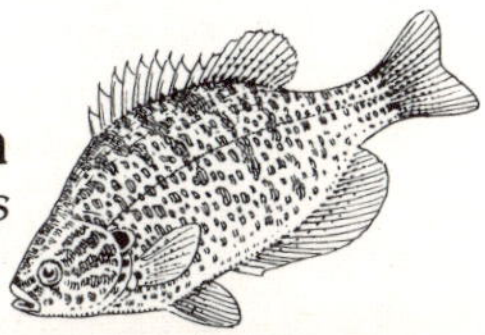

Sonnenbarsche sind zwar auch Räuber, kommen aber einem Zierfisch schon näher. In der Form ein typischer Barsch, können sie farbenfroh sein: olivgrüner Rücken, Seiten orange, blau, schwarz, auch gepunktet. Ihr Erkennungszeichen: deutlicher, dunkler Fleck auf der Kiemenplatte hinter dem Auge. Sonnenbarsche stellen etwas höhere Ansprüche an das Wasser, halten sich aber sehr gut im Gartenteich. – Der Sonnenbarsch wird schneller zutraulich als der Flußbarsch und läßt sich mit Regenwürmern auch aus der Hand füttern. Sind nicht allzuviele Jungfische im Teich, dann schafft er die Bevölkerungsregulierung allein. Aus Fischmischfutter frißt er die getrockneten Kleinkrebse heraus. In Aquariengröße eingesetzt, stört er viele Jahre die anderen Fische nicht. – Sonnenbarsche gibt es dort zu kaufen, wo es auch andere Zierfische gibt.

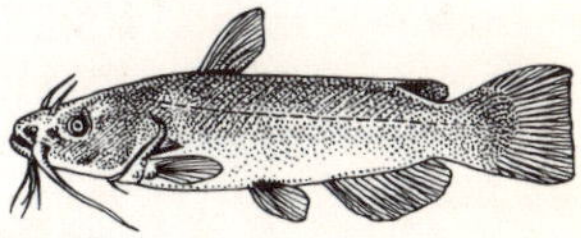

Zwergwels

Ameiurus nebulosus

Der Zwergwels ist, wie der Sonnenbarsch, ein akklimatisierter Amerikaner. Farbe: braunoliv mit leichter Streifenmusterung und hellem Bauch. Unverkennbar durch die 8 Barteln am großen Kopf und die zwei Rückenflossen, von denen die vordere einen harten Strahl besitzt, die hintere jedoch mehr einer Salmoniden-Fettflosse gleicht. Der Zwergwels wächst sehr schnell und wird ein gefährlicher Räuber auf Beute, wenn sie höchstens halb so groß wie er selbst ist. – Als Nacht- und Grundfische sind Welse schwer zu beobachten. Aber an warmen Tagen kommen sie an die Oberfläche und stellen sich z. B. unter Seerosenblätter, so daß man nur die vorne überstehenden Barteln sehen kann. Werden die Fische gestört, so lassen sie sich sofort wieder absinken.

Aal

Anguilla anguilla

Einen Aal in den Gartenteich zu setzen, ist völlig sinnlos, da man das Tier nie wieder zu sehen bekommt. Wer es trotzdem nicht lassen kann, nehme wenigstens den weniger räuberischen Spitzkopfaal, da der Breitkopfaal mit seinem scharfgezahnten Gebiß durchaus in der Lage ist, auch größere Fische anzubeißen. Und einem Aal kann man alles zutrauen!

Grundfische

Zu den kleinen Grundfischen mit deutlichen Barteln gehören der Gründling *(Gobio gobio)*, das Moderlieschen *(Leukaspius delineatus)* und der Schlammpeitzger *(Misgurnus fossilis)*. Diese Fischlein entziehen sich unseren Blicken, können aber in einem mit kleinen Fischen besetzten Becken die Bodenreinigung unterstützen.

Brachsen, Breesen oder Blei
Abramis brama

Dieser hochrückige, flache Weißfisch ist erkenntlich an der tiefgespaltenen Schwanzflosse und der kurzen, keilförmigen Rückenfahne. Farbe grau-silbern, im klaren Wasser auch spiegelblank, Rücken graubraun-schwarz. Er hält sich gerne im Unterwasser zwischen Pflanzenstengeln auf. Wird im Gartenteich ca. 40 cm lang und stellt keine besonderen Ansprüche, bringt aber auch wenig Beobachtungsmöglichkeit.

Laube
Alburnus alburnus

Die Laube, auch Ukelei oder Alve genannt, macht im Gartenteich sehr viel Freude. Dieses kleine, schlanke Weißfischchen besitzt einen schwarzen Rükken und ein stark aufwärtsgestelltes Maul. Als typischer Oberflächenfisch schießt es quicklebendig durchs Wasser und glitzert dabei silbrig. Die Flossen sind durchscheinend, zur Laichzeit rötlich, und der Bauch leuchtet weiß. Vorsicht beim Berühren: Die nur ganz leicht sitzenden Schuppen lösen sich auch schon bei Unterwasserberührung! Die Lauben ersetzen uns im Gartenteich die Forellen. Sie sind nicht anspruchsvoll und fangen so fleißig auch die kleinste, fliegende Mücke mit zielsicherem Sprung, daß es eine Freude ist, sie zu beobachten. Wer Lauben im Gartenteich hat, braucht niemals Furcht vor einer Mückenplage zu haben.

Rotfeder
Scardinius erythrophthalmus

und Rotauge
Rutilus rutilus

Die üblichsten Karpfenfischarten unserer freien Gewässer sind Rotaugen und Rotfedern. Sie stellen wenig Ansprüche an Wasser, Temperatur und Sauerstoffgehalt und vermehren sich auch im Gartenteich gerne. Diese munteren Schwarmfische schnappen nach Mükken, Larven und Würmern, schwimmen im Mittel- und Oberwasser und nehmen auch gerne frisches Grünzeug. An den Wasserpflanzen richten sie jedoch keine großen Schäden an. Sie werden nur etwa 25 cm groß und sind wegen ihrer roten Flossen, besonders zur Laichzeit, auch gut zu beobachten. Rotaugen und Rotfedern lassen sich nur schwer voneinander unterscheiden, so daß »Kenner« sie gerne gemeinsam nennen. Auch sind ihre deutschen Namen nicht unbedingt ein treffendes Kennzeichen, (im Englischen heißt z. B. das Rotauge »roach« und die Rotfeder »redeye«). Wer es genau wissen will, merke sich:

Das **Rotauge,** oder auch Plötze genannt, hat einen graublauen Rücken, einen weißen Bauch und rote, goldumrandete Augen. Rücken- und Bauchflossenanfang liegen genau auf gleicher Länge des Fisches untereinander. Bauchflossen und Schwanzflosse sind grau-rosa. Die **Rotfeder** ist höher und flacher und grünlicher gefärbt. Die roten Augen sind nicht goldumrandet, die Rückenflosse ist grau-rosa und steht deutlich hinter der Bauchflosse.

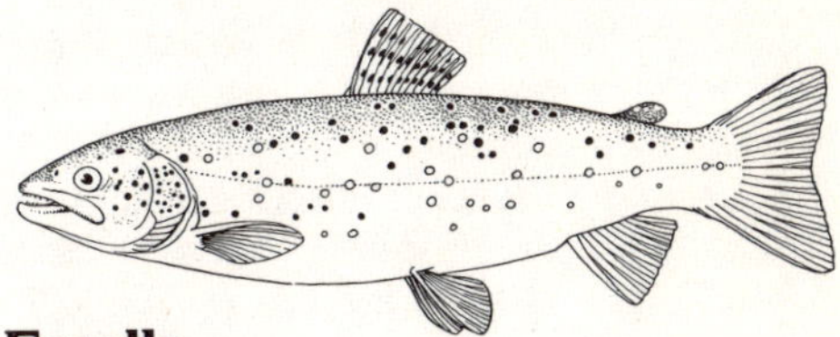

Forelle
Salmo trutta

Forellen könnten die Krönung des Gartenteiches sein, wenn sie nicht so schwer zu halten wären. Dabei ist die heimische Bachforelle *(Salmo trutta f. fario)* noch empfindlicher als die amerikanische Regenbogenforelle *(Salmo irideus)*. Wenn im Sommer nicht eine ständige Frischwasserversorgung des Gartenteiches möglich ist, sollte man nicht versuchen, Forellen zu halten. Nicht wegen des Fließens, sondern wegen der Wassertemperatur und des davon abhängigen Sauerstoffgehaltes. Bachforellen haben bei über 18 °C, Regenbogenforellen bei über 21 °C keine Überlebenschance. Da nützt auch eine nächtliche Abkühlung nichts mehr, denn gerade bei Dunkelheit benötigen die Pflanzen auch noch Sauerstoff, und die lädierten Fische verenden in der Nacht. Wer jedoch die den Forellen passenden Lebensbedingungen schaffen kann, wird seine Freude an den Tieren haben. Forellen sind enorm schnell-

wüchsig. Neben dem käuflichen Futtergranulat nehmen sie auch Mischfutter und fangen sich selbst Insekten. Ihre Reaktionsschnelligkeit ist faszinierend. Die Augen können gar nicht so schnell folgen, wie eine Forelle auf einen hingeworfenen Regenwurm reagiert. Genauso sicher fangen diese Fische Insekten auf der Wasseroberfläche. Regelmäßig gefütterte Forellen werden sehr zahm und so frech, daß man nicht mehr mit dem Finger auf das Wasser tippen kann, ohne gebissen zu werden. Forellen sind außerordentlich schöne und elegante Schwimmer und — bis auf den Sauerstoffbedarf — nicht sehr empfindlich. Die schlanke, torpedoförmige Bachforelle ist entlang der Seitenlinie gepunktet. Die Regenbogenforelle besitzt ebenfalls Punkte entlang der Seitenlinie, jedoch nur schwarze und keine roten (wie sie mitunter bei Bachforellen auftreten) und einen metallisch glänzenden, regenbogenfarbenen Längsstreifen von Kieme bis Schwanzflosse. Bachforellen können bis zu einem Meter lang und 10 kg schwer werden, Regenbogenforellen erreichen nur in Ausnahmefällen diese Größe. Normalerweise wächst eine fingerlang eingesetzte Forelle in wenigen Monaten zum »Portionsfisch« von 35 cm Länge und 250 g Gewicht heran.

Amphibien

Amphibien sind wechselwarme Tiere, die sowohl im Wasser als auch auf dem Lande leben können und eine interessante Bereicherung für unseren Gartenteich bieten. Die Amphibien unserer Fauna sind durch das Artenschutzgesetz geschützt und dürfen nicht willkürlich gefangen oder umgesetzt werden.

Frösche

Am besten halten sich in unserem Klima im Gartenteich die grünen Wasser- oder Teichfrösche, die, einmal zugewandert, auch gerne bleiben. Allerdings sollte man sich über eines im klaren sein: Ge-

fangenhalten kann man Frösche im Gartenteich nicht! Es kann also passieren, daß der eine oder andere Frosch wieder abwandert.

Zum Thema Frösche und Molche sei nochmals deutlich gesagt: In der Bundesrepublik sind alle Lurche vom Aussterben bedroht und stehen daher auf der Liste der besonders geschützten Tierarten. Wir dürfen daher weder Laich noch Kaulquappen aus natürlichen Gewässern entnehmen!

So sehr Frösche es lieben, bei warmem Wetter in der Sonne zu sitzen, achten sie doch stets darauf, daß ihre Haut nicht austrocknet und befeuchten sich immer wieder mit einem Sprung ins kühle Naß. Frösche versorgen sich selbst: Mit unglaublicher Geduld sitzen sie bewegungslos da, um urplötzlich mit sicherem Sprung ein Insekt zu erhaschen. Hauptsächlich leben die Frösche aber wohl von Regenwürmern, die sie nachts auf dem feuchten Rasen suchen. Ich traf bei Dunkelheit die Frösche meines Gartenteichs schon im ganzen Garten an, morgens aber sitzen sie wieder in ihrem Teich. Sind andere Gewässer in der Nähe und hören sie das Quaken ihrer Artgenossen, so wandern schon manchmal einige ab, es können aber auch auf diese Weise andere hinzukommen. In einem stark mit Fischen besetzten Gartenteich können sich Frösche nicht vermehren, da ihre Eier und Kaulquappen nur allzugerne von den Fischen gefressen

Gartenteichgäste

Erdkröte *Bufo bufo*

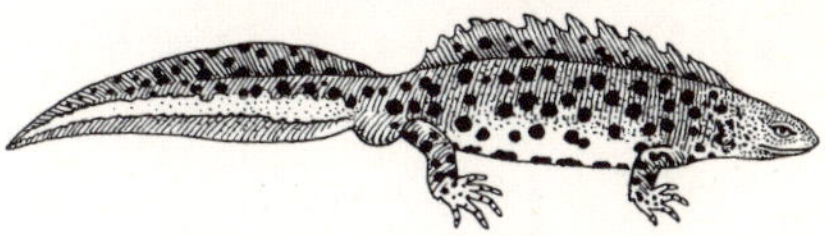

Kammolch *Triturus cristatus*

Grasfrosch *Rana temporaria*

werden — die erwachsenen Frösche bleiben jedoch unbehelligt.
Wenn der Herbst kommt und die Tage kühler werden, werden auch die Frösche träger und sind eines Tages ganz weg. Sie wühlen sich dann am Teichboden in den Schlamm und halten Winterruhe. Die geringe Atmung über die Haut genügt ihnen in ihrer Ruhezeit vollkommen. Mit den ersten warmen Tagen tauchen die Frösche dann wieder auf; zunächst nur für Stunden, denn die Umstellung von Haut- zur Lungenatmung

geht nur gemächlich vor sich. Ob man nun einen männlichen oder weiblichen Frosch vor sich hat, zeigt sich am besten im Mai, zur Paarungszeit, denn dann lassen die Froschmännchen ihr Liebesgequake ertönen: der Grüne Wasserfrosch bläst dazu seine paarigen Schallblasen auf, der Grasfrosch seine Backen. In der Abendzeit ertönt dann ein vielstimmiges Froschkonzert.

Molche

Molche sind für einen Fischteich nicht geeignet. Zwar sind sie schön gefärbt und gezeichnet, vor allem die Männchen zur Laichzeit, doch zeigen sie sich ungern und werden aufgrund ihrer geringen Größe auch oft von größeren Fischen gefressen.

Schildkröten

Für unser Klima eignen sich an Schildkröten für den Gartenteich eigentlich nur die europäischen Wasserschildkröten. Obgleich diese Tiere genauso wie die Frösche überwintern können, sind sie viel empfindlicher, und nicht selten wacht ein Tier nicht mehr aus dem Winterschlaf auf. Aber Wasserschildkröten wandern nicht ab und bleiben stets am Teich, an dessen Rändern sie gerne in der Sonne sitzen. – Schildkröten sind gefährliche »Raubtiere«: Gesunde Fische bekommen sie zwar nicht, aber wenn wir ihnen einmal einen frischgeangelten, toten Fisch hinwerfen, können wir gut beobachten, wie sie mit ihren scharfen Kiefern ganze Stücke aus dem Fisch herausschneiden können. Schildkröten können auch – im Gegensatz zu Fischen – ein Opfer anbeißen, auch wenn es viel zu groß für sie ist. Da die Schildkröten nachts viel unterwegs sind, bedeuten sie eine Beunruhigung für die Fische. Ich habe zwar nie einen angebissenen Fisch in meinem Becken erlebt – wohl aber einen nächtlichen Angriff auf meine im Wasser plätschernde Hand. Wasserschildkröten fressen mit Vorliebe Schnecken. Mit ihren harten Kiefern zerknacken sie spielend die Schneckenhäuser. Da ihnen aber auch kein kranker Fisch entgeht, stellen die Wasserschildkröten eine Art Schutzpolizei im Gartenteich dar und unterbinden Ansteckungen bei vielleicht auftretenden Fischkrankheiten.

Die leider viel importierten tropischen Schildkröten wie Rot- und Gelbwangenschmuckschildkröte können unseren Winter im Gartenteich **nicht** überleben.

S. 55: **Verschiedene Gartenteichpflanzen**
oben links: Aufrechter Igelkolben *(Sparganium erectum)*
oben rechts: Blaue Schwertlilie *(Iris sibirica)*
unten links: Pfeilkraut der Gattung *Sagittaria*
unten rechts: Mädesüß *(Filipendula ulmaria)*

Luftpost – der natürliche Fischbesatz

Wenn irgendwo ein neuer Teich gebaggert wird, so dauert es gar nicht lange, bis er sich ganz von selbst belebt: Der Wind bringt die Sporen der Algen und vieler Pflanzen heran und oft auch die Eier einiger Kleinstlebewesen. Mücken und Fliegen kommen von selbst, um ihre Eier dem neuen Gewässer anzuvertrauen, und schon im ersten Jahr entwickelt sich eine artenreiche Fauna der unterschiedlichsten Kleinstlebewesen. – Im nächsten Jahr sind auf einmal Fische im Teich, zwar kleine noch, aber deutlich unterschiedliche Arten, und nach zwei, drei Jahren ist der Teich mit den meisten landschaftsüblichen Wasserbewohnern belebt.

Kein Mensch hat die Fische eingesetzt – trotzdem sind sie plötzlich da. Wie kommt das? – Des Rätsels Lösung sind Enten und andere Wasservögel. Zur Laichzeit der Fische suchen auch die Wasservögel stille Brutplätze und fliegen paarweise weite Strecken, um sie zu finden. In den Abendstunden und nachts kann man beobachten, wie sie pfeilschnell dahinziehen. Sie sehen die glitzernde Oberfläche eines noch so kleinen Wassers und landen, um es zu besichtigen. – Da Fischlaich klebrig ist und nicht nur an Wasserpflanzen, sondern auch an Vogelbeinen »festkleben« kann, gelangt er mit den Wasservögeln zu den noch so kleinsten Wasserstellen. Die Bedingungen in einem unbesetzten Teich sind für den »eingeflogenen« Fischlaich sehr günstig. Da es noch keine natürlichen Feinde gibt, hat fast jedes Ei die Chance, sich zu entwickeln. Der Jungfisch wächst fast ungefährdet heran, und die Überlebensquote ist ungleich höher als im Heimatgewässer. Mit Hilfe der Wasser- und Sumpfvögel haben sich all unsere Fischarten ausgebreitet und sind in stille, stehende Gewässer gekommen, die keinerlei Verbindung zu anderen Seen oder Wasserläufen haben.

Auch unser Gartenteich ist nicht »entensicher«. In meinen Garten kommen jedes Frühjahr Entenpärchen. Ich würde die Tiere ja ganz gerne einmal an meinem Teich brüten lassen und mich an ihrem Familienglück erfreuen, wenn die Vögel nicht die unangenehme Eigenschaft hätten, in ganz kurzer Zeit ein kleines Wasserbecken stark zu verwüsten. Sie fangen nämlich sofort an, alles zu durchsuchen, in den Pflanzenbecken die jungen Triebe herauszureißen, Schnecken zu fressen und auch die Fi-

S. 56 oben: Sonnenbarsch *(Lepomis gibbosus)*
S. 56 unten: Japanischer Bitterling *(Rhodeus ocelatus)*

sche zu stören. Schade – sie wären sonst eine nette Bereicherung des Gartenteiches.

Enten kommen jedes Jahr . . .! Auf der Suche nach ruhigen Brutplätzen „verirren" sie sich auch oft an den kleinen Gartenteich.

Herbst

Wenn die Nächte kühler werden und abends das Wasser dampft, stellen sich unsere Fische langsam auf die große Ruhepause der Natur – den Winter – ein.

In den letzten Sommerwochen haben sie sich einen soliden Wintervorrat angefressen und könnten jetzt auch ohne weitere Ernährung auskommen. Ab einer Wassertemperatur von 12 °C brauchen sie nicht mehr gefüttert werden – bietet man ihnen aber etwas an, fressen sie es, nur ganz ohne Gier und Futterneid. Diese ruhige Zeit bietet uns besonders günstige Beobachtungsmöglichkeiten, da die Tiere viel weniger schreckhaft reagieren. Bei einer Wassertemperatur ab 6 °C kann man klar die einzelnen Arten unterscheiden: Die Karpfenfische können kaum noch die Zähne auseinanderbringen, nicht mehr sicher zufassen und möchten in Ruhe gelassen werden. Graskarpfen, Schleien und Welse haben sich bereits völlig zurückgezogen, die Forellen dagegen sind noch sehr munter. Goldfische gehen wieder einmal den Mittelweg. Raubfische, wie Barsch und Hecht, bleiben voll reaktionsfähig, denn im Wildteich haben sie gerade jetzt eine gute Zeit, träge gewordene Beute zu überfallen.

Die Amphibien werden schon bei 14 °C träge und vergraben sich im Schlamm, um monatelang Winterschlaf zu halten und erst bei Erwärmung des Bodens wieder aufzutauchen.

Bevor die Seerosenblätter versinken, nehmen wir sie aus dem Wasser – allzuviele Reststoffe würden das Wasser überdüngen. Die im Flachwasser wuchernden Sumpfpflanzen lassen sich am besten später direkt über dem Eis abschneiden, so daß nichts ins Wasser fallen kann. Außerdem bleibt so den

Winter über der Anblick des Beckens etwas gefälliger als nach einem herbstlichen »Kahlschlag«. See- und Teichrosen neigen stark dazu, in einem ihnen zusagenden Gewässer stark zu wuchern. Damit nun aber unser Gartenteich nicht zuwächst, müssen wir des öfteren größere Mengen Blätter entfernen. Die meisten Seerosenblätter kann man mit einem kurzen Ruck ausreißen; wenn man den Stiel nicht knickt, reißt er ganz unten an der Wurzel ab. Teichrosen dagegen reißen nicht so leicht, und die Gefahr, ganze Wurzelteile mit hochzuziehen, ist groß. Bei starken Seerosenstengeln — vor allem denen der abgeblühten Blüten — kann das auch sehr leicht passieren. Ich habe mir nun aus einem Stück rostfreien Blech ein Hilfsgerät gebaut (siehe unten), mit dem man die Seerosenstiele bequem unter Wasser tief unten abschneiden kann. Man nimmt das Schwimmblatt in die Hand und fährt mit dem Schneidspaten am Stengel abwärts bis vor die Wurzel. Dann zieht man

Mit dem Schneidspaten lassen sich Seerosenblätter bequem dicht über der Wurzel abschneiden.

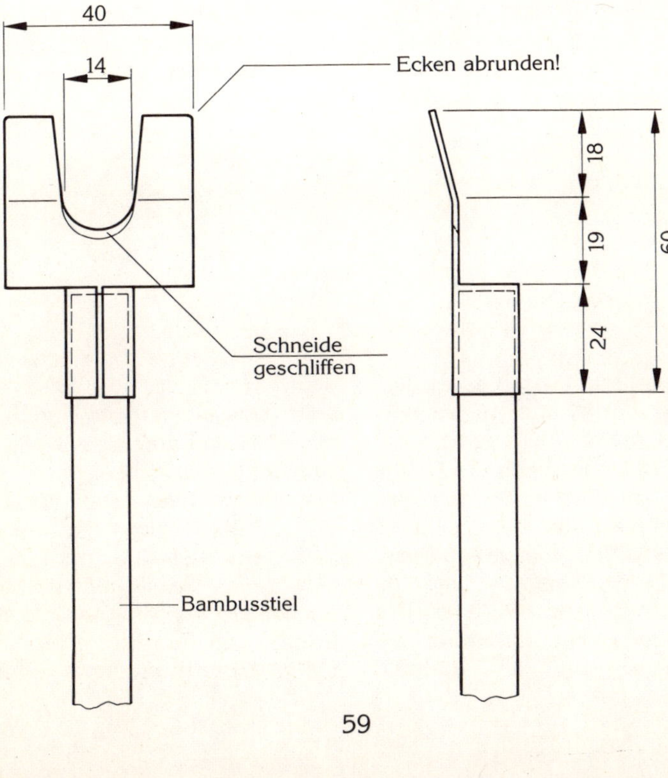

den Stengel stramm und öffnet den Winkel Stengel/Spatenstiel etwas, damit die Schneide faßt und drückt dann durch. Auf diese Weise werden die Stengel sauber abgeschnitten, und es bleiben keine Reste im Wasser.
Ein Problem bilden die vielen abfallenden Blätter, die wie magnetisch vom Wasser angezogen werden. Ganze Schubkarrenladungen kommen da zusammen, und es ist mühsam und für die Fische beunruhigend, sie täglich aus dem Wasser zu fischen. Ich spanne, wenn der Blätterfall richtig einsetzt, ein Saatschutznetz aus Perlon ganz stramm über das gesamte Becken und den Beckenrand. Wenn man in den Netzrand eine starke Schnur durch die Maschen fädelt, reißen diese nicht so schnell aus, und man kann durch seitliche Spannschnüre jeder Kontur folgen, da sich das dünne Netz nach allen Richtungen strekken läßt. Das Netz muß so stramm gespannt sein, daß ein daraufgeworfener Apfel zurückfedert, ohne auf das Wasser durchzuschlagen. Auf dem Netz trocknen die Blätter sehr schnell, und man braucht sie nicht unbedingt abzusammeln, da der Wind das trockene Laub immer wieder mitnimmt. Das grüne Netz stört kaum, zumal es nur drei bis vier Wochen gespannt bleiben muß; dann sind alle Blätter von den Sträuchern und Bäumen. Den Winter über sollte der Teich wieder offen sein, damit wir uns an der spiegelnden Eisfläche und allem, was darumherum passiert, erfreuen können.

Winter

Neben allen anderen lebensspendenden Qualitäten besitzt das Wasser eine höchst bemerkenswerte Eigenschaft: Es hat seine größte Dichte bei +4 °C! Kühlt es sich weiter ab, so dehnt es sich wieder aus und wird leichter – das ist auch der Grund, weshalb Eis auf Wasser schwimmt. – Diese Tatsache allein ermöglicht den Fischen zu überleben. Der Frost kommt von oben und kühlt die Wasseroberfläche ab, das dadurch schwerer werdende Wasser sinkt ab, wärmeres Wasser vom Boden steigt auf. Diese Bewegung des Wassers nennt man auch »Wasserwalze«. Nur bei dieser Konstellation um den Gefrierpunkt wird ein stehendes Gewässer auf natürliche Weise umgewälzt, so daß sich das gesamte Wasser mit Sauerstoff anreichern kann. Ist es insgesamt abgekühlt, kommt die Bewegung zum Stillstand. Der Frost trifft auf die ruhende Oberflä-

che, die nun sehr schnell total unterkühlt wird, da Wasser selbst ein schlechter Wärmeleiter ist. Das Wasser hilft sich aber nun mit einem für seine Bewohner sehr wichtigen Trick: es gefriert und schützt sich so mit einem stark isolierenden Eispanzer gegen weitere Unterkühlung. Von allen Flüssigkeiten ist nur das Wasser in der Lage, seinen festen Aggregatzustand, das Eis, auf seiner Oberfläche zu tragen.

Ist ein Gewässer ausreichend tief, so kann seinen Bewohnern nun von der Kälte keine Gefahr mehr drohen. Am Boden liegt das wärmste Wasser (4 °C), und die Fische suchen diese Stelle auf und verbringen frostsicher den Winter — sehr ruhig, ohne viel Sauerstoff zu verbrauchen, denn der kann unter der Eisdecke recht knapp werden. In einem natürlichen Gewässer gibt es durch Grundwasserzufluß noch einen begrenzten Austausch, nicht aber in einem Kunstteich, in dem obendrein meist auch noch ein dichter Fischbesatz ist.

Man kann natürlich das Eis jeden Tag neu aufschlagen, das ist jedoch recht mühsam und bei Folienteichen höchst gefährlich. Man kann auch Strohpuppen mit einfrieren lassen und hoffen, daß durch die hohlen Halme genügend Sauerstoff auf den Boden des Teiches gelangt. (Versuchen Sie aber vorher einmal, durch einen solchen Halm zu blasen — das geht nämlich nicht, da er an den Knoten dicht ist!) Man kann aber auch durch Ablassen von Wasser unter der bereits tragfähigen Eisdecke einen Luftraum schaffen; das hilft aber nur, wenn dieser Luftraum keinen Kontakt mehr zur Außenluft hat, sonst friert das darunterliegende Wasser auch ein — allerdings ist dieser Luftraum dann aber als Sauerstoffreservoir bald erschöpft.

Eine Beheizung ist direkt gefährlich, denn das kleine Loch, das der Heizstab offenhält, täuscht den Erfolg nur vor. In Wirklichkeit wird hier noch Sauerstoff entzogen, und wenn die Fische erst dicht an diesem Loch nach Luft schnappen, sind unter dem Eis schon viele verendet. Das liegt daran, daß der Heizstab unter dem Eis eine Schicht wärmeres Wasser erzeugt, das die Fische anlockt und sie dazu verleitet, bei der Bewegung viel mehr Sauerstoff zu verbrauchen als in Ruhestellung am Boden. Auch das Anfrieren von Fischen mit der Rückenflosse kommt natürlicherweise im tiefen Gewässer nicht vor, wohl aber hie und da im Gartenteich, wenn ihnen nachts der Schein einer Gartenleuchte Sonnenwärme vortäuscht und sie in den flachen Wasserkeil über der Schräge dicht unter die Eisdecke lockt.

Nach all diesen Erfahrungen habe ich eine einfache, aber höchst wirksame Wintersicherung gebaut: Ich lasse den Luftsprudel — schwach eingestellt — laufen. Die leichte Wasserbewegung reicht aus, auch bei starkem Frost ein etwa 30 cm großes, rundes Loch im Eis offenzuhalten. Das regelt sich sogar automatisch: Wird der Frost stärker und somit das Loch kleiner, so entsteht auch eine kräftigere Wasserbewegung mit größerer Wirksamkeit. Auf diese Weise wird das

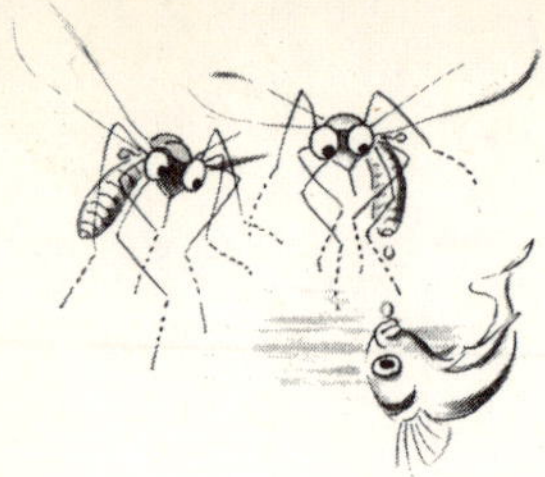

Wasser nicht angewärmt, sondern nur zusätzlich mit Sauerstoff angereichert. Das Becken behält sein Temperaturgefälle, die Fische bleiben in Ruhestellung am Boden.
Die kleine offene Wasserstelle im Garten hat außerdem noch eine vielleicht lebenswichtige Bedeutung für unsere Singvögel, die bei trockener Kälte, wenn kein Schnee liegt, leicht verdursten müssen. Gefüttert werden sie ja vielerorts, aber wo bekommen sie schon Wasser? — Keine Angst, sie fallen nicht hinein, auch wenn sie schon mal gefährlich aussehend auf dem Eis ausrutschen.
Aber auch der Hunger kann Vögel an unseren Teich locken.
Eines Wintermorgens — es war trübe und noch etwas dunkel — rauschten plötzlich ein paar große Schwingen durch meinen Garten.
Ein ausgewachsener Fischreiher landete auf dem verschneiten Rasen, begab sich gemessenen Schrittes auf die Eisfläche und stellte sich dann auf einem Bein über das offene Wasserloch. Diese winzige Wasserfläche hatte ihn aus der Höhe herabgelockt, und nun sah er bestimmt im klaren Wasser die leckeren Fische, die am Beckenboden standen. Die machten aber keine Anstalten heraufzukommen und er konnte so weit nicht hinabstoßen. Das wurde ihm dann nach einer halben Stunde wohl langweilig. Ich habe auch nicht gewußt, daß ein Vogel das kann: aber er hat schließlich richtig gegähnt! Dann ist er, sichtlich enttäuscht, wieder davongeflogen.

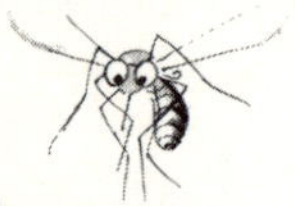

Mückenfang

Als Gartenteichbesitzer wird man oft gefragt, ob denn ein solches Wasser nicht Mücken anziehe? — Und ob! Natürlich kommen Mücken und auch viele andere Insekten angeflogen, sie sind ja darauf angewiesen, ihre Eier dem Wasser anzuvertrauen. Denn Mückenlarven schlüpfen unter Wasser und steigen als Nymphen empor, um an der Wasseroberfläche dann die Flügel zu entfalten und den kürzeren Teil ihres Lebens — bei manchen Arten sogar nur den Hochzeitsflug — in der Luft zu verbringen. Ein Gartenteich zieht also Mücken an — und damit weg vom übrigen Haus und Garten, nur vermehren werden sich die Tiere in ihm nicht, dafür sorgen schon die Fische! Wenn man gerne beobachtet, sieht man, daß solch eine kleine »Mücke« in etwa einem Meter Höhe oder tiefer über das Wasser fliegt und immer wieder auf die Wasseroberfläche herunterstößt, um

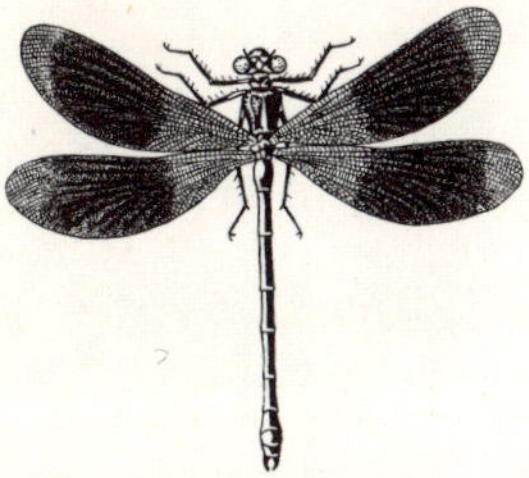

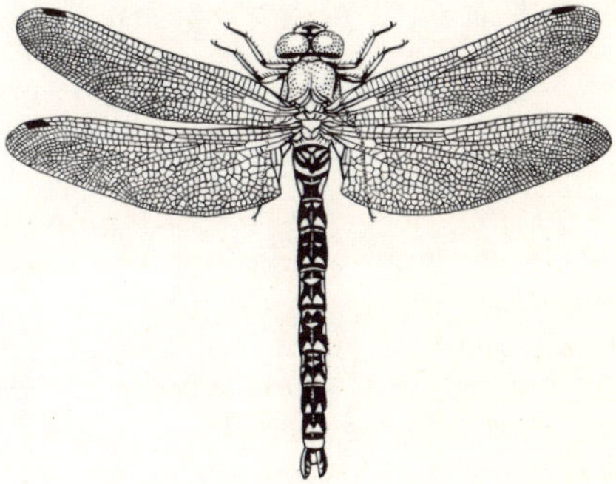

Libellen sind häufige Gäste am Gartenteich, wie z.B. die Blaugrüne Mosaikjungfer *Aeschna cyanea* (rechts) oder die Gebänderte Prachtlibelle *Caloptheryx splendens* (links).

sofort wieder aufzusteigen. Sie legt dabei jedesmal ein Ei (wer scharfe Augen hat, kann dieses kleine weiße Ei sogar sehen). Die Fische, vor allem Forellen, Äschen, Ukelei, kennen dieses »Spiel« genau, verfolgen die fliegende Mücke und schnappen sie in der Luft, wenn sie den Sicherheitsabstand unterschreitet. Sicher wird auch manches Ei absinken, aber auch diesem ist kein langes Leben beschieden, denn unten warten die Bodenfische, die, wenn nicht schon das Ei, so doch später die Larve erwischen. Eine steigende Nymphe ist mir in meinem Teich noch nie vor Augen gekommen.
In den Laichbecken, in denen sich die Fische weniger aufhalten, und in den Sumpfbecken, die sie mangels Wassertiefe gar nicht erreichen können, übernehmen die Frösche die Aufsicht — auch ihnen entgeht so leicht kein Insekt. Der Luftraum über dem Teich wird oft von wunderschönen Libellen bewacht, die gleichfalls vom Wasser angezogen werden. Auch wenn sie noch so schön aussehen, sind sie doch große Räuber und fangen ihre Beute im Flug. Auch Libellen legen ihre Eier ins Wasser ab, die schlüpfenden Larven sind recht groß und bereits schon räuberisch und für unsere Kleinfische keineswegs ungefährlich. Aber Schaden richten sie in einem gut besetzten Gartenteich wohl kaum an, da auch sie gerne gefressen werden. Bis jetzt ist es mir nur einmal gelungen, eine aus der Larve schlüpfende Libelle, die sich am Rand zwischen den Steinen versteckt hatte, zu beobachten. Zu erleben, wie sich das schöne Insekt in einer halben Stunde aus der engen Haut schält, voll entfaltet und dann sofort flugfähig ist, gehört zu den Sternstunden eines Gartenteichbesitzers.

— »Ungebetene« Gäste…

Zu Gast an unserem Teich…

So ein Gartenteich ist nicht nur eine Augenweide und Freude für den Menschen, er erregt auch das Interesse der verschiedensten Tiere und bringt sie uns als Gäste auf unser Grundstück. Ein paar Beispiele meiner bisherigen Besucher möchte ich Ihnen aufzählen:
Jedes Jahr, wenn es warm wird, kommen mehr und mehr Bienen angeflogen, die am »Strand« und in den Laichbecken am Rande von Steinen und auf feuchtem Moos und Algen »trinken«. Zunächst sind so ein paar Bienen ja nicht verwunderlich, aber die ersten Besucher müssen das untereinander verbreitet haben, denn an sehr warmen Tagen sind es mehrere hundert Bienen, die alle auf einmal trinken kommen. Ich wußte vorher gar nicht, daß es in unserer Gegend in Stadtnähe noch so viele Bienen gibt, bis ich dann herausfand, daß gar nicht weit entfernt ein Bienenstock stand. Meine Unterhaltung mit dem Imker war dann auch sehr aufschlußreich: Es sind nämlich gar nicht immer neue Bienen, die ans Wasser kommen, sondern abkommandierte »Wasserträger«, die ständig hin- und herfliegen und den ganzen Stamm versorgen. Seitdem beobachte ich die Tiere etwas genauer: Tatsächlich fliegen alle auf regelrechten Flugrouten, und zwar im Einbahnverkehr.
Oft fällt einmal ein Tier ins Wasser und ist so unglücklich benetzt, daß es nur im Kreis umherschwimmen kann. Hier muß man dann schon helfend eingreifen. Gestochen hat uns dabei noch keine!
Daß alle möglichen Vögel, darunter auch größere, wie Tauben und Fasane, trinken kommen, daran haben wir uns schon gewöhnt. Wir haben da richtige Stammgäste dabei. Einmal kam ein ganz ungewöhnlicher Besuch: eine Landschildkröte, und zwar ein recht beachtliches Exemplar. Auch sie strebte gleich dem Wasser zu. Nachdem sie

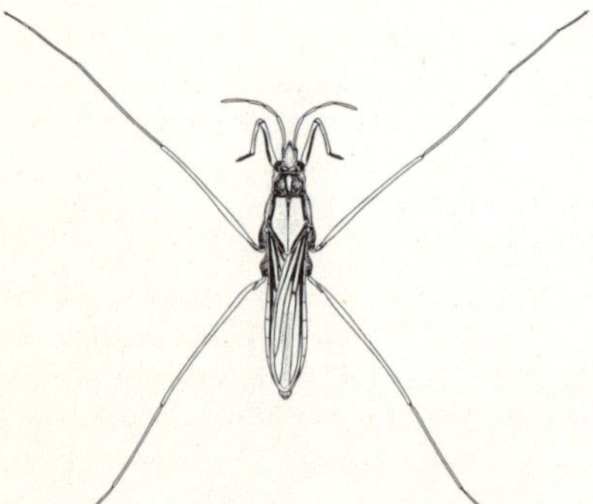

Der Wasserläufer *Gerris sp.* lebt auf der Oberfläche stehender oder langsam fließender Gewässer. Bei der Jagd nach toten oder lebenden Insekten bewegt er sich ruckartig über die Wasseroberfläche. Dabei bewahrt ihn der dichte Haarfilz auf der Körperunterseite vor dem Einsinken und Naßwerden.

deutlich getrunken hatte, nahm sie auf der Schräge ein Bad, um dann — ich konnte es kaum glauben — auf das Wasser hinauszuschwimmen. Das machte sie ganz sicher, reckte den Hals hoch, um besser sehen zu können, steuerte zwischen den Seerosenblättern hindurch und schließlich auf die steile Rutsche zu. Hier entstieg sie dann bequem dem Wasser und wanderte weiter durch den Garten. Später hat sie der entfernt wohnende Nachbar, dem sie entwischt war, wieder abgeholt. Katzen sind sehr häufige Besucher, und sie sind regelrecht fasziniert von dem Teich mit den quicklebendigen Fischen, bei deren Anblick sie vom Jagdfieber gepackt werden. Zunächst versuchen sie, vom Rand des Beckens aus, mit der Pfote zu »angeln«. Manche springen sogar auch waghalsig auf einen im Wasser liegenden Stein — allerdings eifrig bedacht, sich die Füße nicht naß zu machen. Hin und wieder passiert es dann eben doch einmal, daß eine ausrutscht und ins Wasser plumpst. Die Tiere erschrecken dann furchtbar, schwimmen so schnell wie möglich an Land und flüchten wie von der Tarantel gestochen. Damit sind sie auf lange Zeit vom Jagdfieber nach Fischen kuriert. — Ich kenne die paar Katzen unserer Umgebung und habe wenig dagegen, daß sie hie und da mal dem Teich und seinen Bewohnern einen Besuch abstatten, denn ich weiß, daß sie doch nicht so schnell sind, um einen gesunden und munteren Fisch aus dem Wasser fangen zu können. Da müssen schon Spezialisten kommen, wie Ottern — und die gibt es bei uns doch nicht, habe ich gemeint!

Unser Becken ist abends oft beleuchtet. Eines Abends im Spätherbst, als die Familie gerade beim Abendbrot zu Tisch saß, von dem aus man den Gartenteich sehr gut beobachten kann, erschien plötzlich auf den Randplatten ein merkwürdiges, uns völlig fremdes Tier. Ein Otter? Dafür war es zu klein. Ein Baummarder? Dafür war es zu groß. Während in der Familie eifriges Raten begann, huschte das Tier im Scheinwerferlicht mal ins Gebüsch, kam aber gleich wieder ans Wasserufer. Das silbrig-grau glänzende Tier interessierte sich offenbar stark für die Goldfische, die so gerne ans Licht steigen. — Schließlich wagte ich meine Vermutung auszusprechen, obgleich ich mir dabei etwas lächerlich vorkam: ein Nerz! Jawohl, das mußte ein Nerz sein, und zwar ein wunderschöner Silbernerz. Nun ist ein Nerz ja in einem deutschen Vorstadtgarten eine zumindest sehr ungewöhnliche Erscheinung, und es wurde uns schnell klar, daß es sich hier um ein entlaufenes, wahrscheinlich sehr wertvolles Tier handeln müsse. Wen sollte man nun fragen? Telefongespräch mit dem Zoo: etwas verärgert, sie hätten gar keine Nerze — dann eine ungläubige Bemerkung, Bedauern, aufgelegt. Nun den Freund und Helfer, die Polizei. Nicht zuständig, aber sehr höflich und belustigt interessiert. Von einer Stimme im Hintergrund dann der Rat: Rufen Sie doch die Feuerwehr an! Nun brannte es zwar nicht — aber wen sollte man schließlich

sonst noch fragen? Zu unserer großen Überraschung wußte aber bei der Feuerwehr jemand, daß es in einiger Entfernung unseres Wohngebietes eine Nerzfarm gäbe. Ich solle warten, sie riefen zurück. Sie riefen tatsächlich bald zurück. Jawohl, auf der Farm sei ein sehr wertvoller Zuchtrüde entlaufen, der Züchter sei bereits unterwegs.
Der kam auch bald, mitsamt einem Transportkäfig, um seinen »Ulli« — so hieß der Nerz — einzufangen. Ulli ließ auch sein Herrchen bis auf wenige Schritte herankommen, zog es aber dann doch vor, in den Büschen zu verschwinden. Da war er dann nicht zu finden. Sobald wir uns zurückzogen, kam er wieder ans Becken. Einmal hätte ich ihn greifen können, aber da fauchte er so giftig und fletschte seine kleinen, scharfen Zähnchen, daß ich doch lieber die Hand wieder zurückgezogen habe. — Schließlich fuhr der Züchter unverrichteter Dinge wieder ab. Kurz darauf war Ulli wieder da. Dasselbe Spiel wiederholte sich bis spät in die Nacht noch dreimal — aber ohne Erfolg. Ulli dachte gar nicht daran, in den zurückgelassenen Käfig zu klettern. Es war schon sehr spät, die Jagd war abgeblasen, und ich saß allein und schaute vor dem Schlafengehen noch einmal in den Garten. Da tauchte Ulli wieder auf. Die Fische hatten es ihm angetan — aber wie konnte er sie schon erreichen? Das dachte ich. Ulli aber dachte anders. Er lief um das Becken herum zum »Strand«, glitt ins Wasser, tauchte weg und kam nach einer — mir sehr lang erscheinenden — Minute mit einem Goldfisch im Maul wieder ans Ufer. — Das ging mir nun aber gegen den Strich. Ich schoß in den Garten — Ulli erschrak, ließ den Fisch fallen und verschwand im Gebüsch — der tote Fisch lag im Gras. Nun wollte ich den Nerz aber doch lieber dingfest machen, ehe er noch mehr Fische holen würde. Ich baute aus dem Grasfangkorb des Rasenmähers, einem Holzstück und einer Schnur eine »Falle«: ein Schnurende an das Holzstück gebunden, mit dem der Kasten etwas hochgestellt war, an das andere Schnurende den toten Fisch, so daß die Falle zuschlagen mußte, wenn man am Fisch zog. — Das hat auch funktioniert: Ulli hat in der Nacht seinen Fisch bekommen — aber auch wieder aus dem Korb entkommen können! Weder wir noch der Züchter haben ihn je wieder gesehen.

Jonathan

Es gibt Vorstellungen und Wünsche, manchmal zugegebenermaßen recht eigenartiger Natur, die einen Menschen über lange Zeit begleiten. — Ich weiß heute auch nicht mehr, wann ich es zum ersten Mal aussprach, aber es war schon in meiner Kindheit mein Wunsch, einmal einen großen, schönen, zahmen Fisch zu haben — Jonathan sollte er heißen.

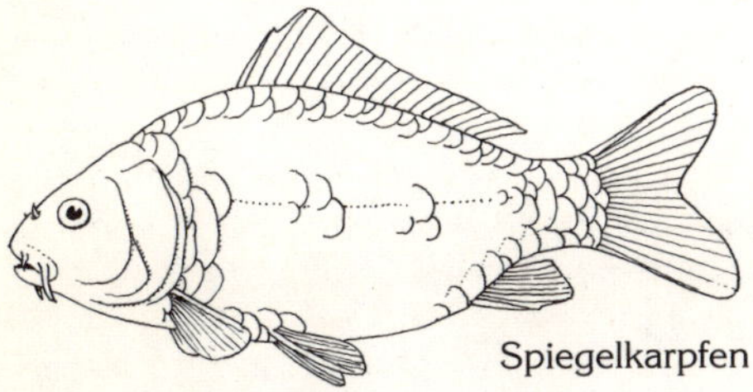

Spiegelkarpfen

Jahrzehnte später wurde ich — fast durch Zufall — Angler und fing an, mich mit Fischen zu beschäftigen. Ich habe nie geangelt, um Fische essen zu können — ich wäre längst verhungert. Aber ich habe auf diese Weise ein großes Stück unserer Natur kennen- und liebengelernt — und Sie müssen mir schon glauben, daß sich das verträgt. Auch die echten Jäger sind Tierfreunde, Naturliebhaber und Heger und Pfleger.

Jonathan war die Triebfeder, als ich einen Gartenteich baute. Als der schon eine Zeitlang fertig war, habe ich »ihn« dann gefangen. Ganz bewußt dann, wo es ihn geben mußte, mit einer starken Perlonschnur und einem großen Haken, von dem ich den Widerhaken entfernt hatte. Er hat sich gewaltig gewehrt und einen harten Kampf geliefert, und als er schließlich im Netz lag, war er ein Spiegelkarpfen von 52 cm Länge. Vorsichtig in einem Faß transportiert, erreichte er den Gartenteich, wurde feierlich eingesetzt und verschwand in der Tiefe. Weg war er! Vierzehn Tage — vielleicht auch drei Wochen — habe ich ihn nicht mehr gesehen. Dann gab es auf einmal bei der Fütterung der Goldfische einen gewaltigen Schwall, ein großes Maul streifte den Wasserspiegel, und ich wußte, daß mein Jonathan noch lebte. Ab diesem Tag nahm er Futter an. Sehr scheu, sehr vorsichtig, und immer nur an der uns abgewandten Beckenseite tauchte er auf, um ein aufgeweichtes Brötchenviertel mit hörbarem Schlurf einzusaugen. Bei dieser Gelegenheit konnte ich auch feststellen, daß er an der Stelle, an der der Haken gefaßt hatte, eine kleine Beule am Maul hatte, die aber dann bald verschwand.

Wenn Jonathan sich unbeobachtet fühlte, kam er auch schon mal an die Oberfläche — erschrak aber sehr leicht, wenn sich jemand näherte, und flüchtete mit Wellenschlag durch das ganze Becken. Erst nach Monaten hatte er sich soweit

eingewöhnt, daß er sich in etwa so verhielt wie die Goldfische. Man konnte ihn nun gut beobachten, und er erschien zu jeder Fütterung, ohne gleich beim Anblick eines Menschen zu erschrecken. Ja, er zeigte bald wachere Sinne als seine Vettern, und es schien, als ob er mich am Schritt erkannte, noch bevor ich das Becken erreichte. — Und so wurde ich sein Freund. Daß er meiner schon war, lange bevor es ihn überhaupt gab, konnte er ja nicht wissen.

Es war nun nur noch eine Frage der Geduld und des richtigen Verhaltens, sein Vertrauen vollends zu erlangen. Als er das erste Mal ein Stück Brot aus der ganz ruhig ins Wasser gehaltenen Hand nahm, mußte ich mich beherrschen, nur keine Bewegung mit den Fingern zu machen, so groß stülpte er sein Maul auf, als er sich endlich ein Herz faßte und ganz plötzlich nach oben stieß. Jede Bewegung meinerseits hätte ihn erschreckt und unser »Verhältnis« um Wochen zurückgeworfen. Sein volles Vertrauen erwarb ich dann mit Regenwürmern. Für diese Delikatesse kam er bald mit dem ganzen Kopf aus dem Wasser. Da ich ihn zu diesem speziellen Mahl immer rufe und im Wasser plätschere, kennt er diese Zeichen sehr genau, und kommt heute auch, wenn ich ihn nur begrüßen will. Ich hätte früher selbst nie geglaubt, daß man mit einem Fisch spielen kann. Nachdem Jonathan es sich gefallen läßt, daß ich ihn mit der ganzen Hand berühren darf, kann ich ihn spielerisch wegschubsen oder auf die Seite schieben. Er schwimmt dann eine Runde, kommt aber wieder, um das Spiel zu wiederholen. Auch unseren Hund kennt Jonathan und hat keine Scheu mehr vor ihm. Allerdings hat sich unser Hund einmal sehr erschrocken, als er friedlich Wasser trinken wollte und Jonathan die leckende Zunge wohl als dicken Wurm ansah, heraufkam und kräftig ansaugte — seitdem trinkt unser Hund nur noch am flachen Wasser. Die Zahmheit unseres Jonathans steckt offensichtlich die anderen Fische im Bekken an, die auch bald einen Teil ihrer Scheu verlieren, ohne daß wir uns besonders darum bemühen.

Sicher wird man mit einem Fisch nie den Kontakt erreichen können wie mit einem anderen Haustier, aber es ist schon ein Erlebnis, zu einem uns doch so artfremden Lebewesen überhaupt eine Beziehung herstellen zu können, die ein wenig über das reine Füttern hinausgeht.

Und deswegen mag ich ihn so besonders gern — den Jonathan.

Die Pferdekur

Eines Tages — im zeitigen Frühjahr — war dann mein Jonathan schwer krank. Infolge einer Karpfenlaus-Invasion hatte er eine schlimme Schleimhautentzündung und schwamm nur noch mühsam und träge an der Oberfläche. Er war fast blind, denn auch die Augenschleimhaut war vollkommen getrübt. Eigentlich war er in einem Zustand, bei dem man sich

mit einem Fisch keine große Mühe mehr machen sollte — aber Jonathan war ja mein spezieller Freund, und ich wollte ihm unbedingt helfen. Also setzte ich in einem 100-Liter-Faß eine hochkonzentrierte Lösung »Antimaladin« an. Das Präparat löste ich in Wasser aus dem Fischteich, um jeden Temperaturunterschied zu vermeiden. In dieses Faß paßte unser Jonathan nur kopfüber hinein. Bei seiner jetzigen Größe von 55 cm konnte er nicht waagrecht darin stehen, aber er war sowieso viel zu schlapp, um sich gegen diesen ungewöhnlichen Zustand zur Wehr zu setzen. Ich ließ ihn ca. 15 Minuten in diesem Bad und setzte ihn dann wieder vorsichtig in den Teich zurück, denn ich hatte natürlich kein so großes Aquarium, in das ich Jonathan in Quarantäne hätte setzen können.

Zunächst machte er gar keinen guten Eindruck: er taumelte und legte sich etwas zur Seite — bei Fischen immer ein sehr schlechtes Zeichen.

Da ich aber nichts weiter für ihn tun konnte, ließ ich ihn allein.

Am nächsten Morgen sah Jonathan ganz fürchterlich aus. Seine gesamte Schleimhaut war aufgedunsen und milchig-weiß und hing in Fetzen um seinen Körper — aber er schwamm wieder gerade. Er sah aus, als ob man ihn gekocht hätte, und fühlte sich anscheinend noch sehr schwach. Immerhin nahm er nach mehreren Versuchen einen Regenwurm, den ich ihm direkt an die Barteln hielt. Und langsam ging es aufwärts mit ihm. In meinem ganzen Anglerleben habe ich noch nie so viele Regenwürmer gesucht, wie in den nächsten zwei Wochen. Aber mit dieser »Kraftnahrung« gewann mein Jonathan seine Gesundheit zurück. Die weißen Fetzen lösten sich nach und nach ab, bald waren seine Augen auch wieder klar, und er ließ sich auch wieder mit der ganzen Hand berühren. Nach 2—3 Wochen war er wieder völlig gesund und blank. Gott sei Dank hatte sich kein anderer Fisch an ihm infiziert, ich hatte natürlich dem gesamten Teichwasser eine Schutzmenge »Antimaladin« beigegeben.

Jonathan ist nach wie vor wieder der Stolz meines Gartenteiches und wird es hoffentlich auch noch sehr lange bleiben.

Register

Register

Register